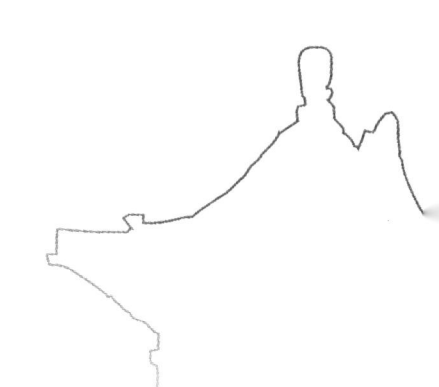

新时代四川大学
基础学科拔尖人才培养创新实践

主　编／党跃武　刘　黎
副主编／孙克金　杨皓岚　周菡晓

四川大学出版社

计算机拔尖人才培养模式探索 ………………………………… 唐　萍 / 90
科技创新型拔尖人才核心价值观的特征和形成
　　——以四川大学基础学科拔尖人才培养为例
　　　　　　　　………………………… 王筱珺　任俊文　赵莉华 / 94
论人工智能对文科基础学科拔尖人才培养的启示 ……… 胡楠芳 / 98
探索大中学校有机衔接　着力培养青少年拔尖创新后备人才
　　——四川大学"中学生英才计划"人才培养探索与实践
　　　　　　　　…………………………………… 尹　进　杨皓岚 / 104
书院制模式下基础学科拔尖人才综合素质培育探索及实践
　　——以四川大学玉章书院为例………… 王　羽　王　辉　李雁翎 / 112
基础学科学术价值培养与拔尖人才价值观塑造探究
　　——以四川大学"拔尖计划2.0"的实践为例 …………… 王　僖 / 117
新文科视野下四川大学历史学拔尖计划人才培养的创新举措与路径
　　　　………………………… 李建艳　邹　薇　姜　莉　李雪梅 / 123
核心素养视角下基础学科拔尖学生的培养探究
　　　　………………………………………… 王　辉　王　羽　李雁翎 / 128
基于培育新质生产力优化基础学科拔尖人才培养的"川大方案"
　　　　……………………………………………… 杨皓岚　周蒟晓 / 135
基础学科拔尖人才导师胜任力提升路径
　　——基于四川大学实践调研………………………………… 林　祎 / 142
四川大学网络安全少年生的发现、选拔与培养模式初探
　　　　………………………… 何　露　杨　频　方智阳　马亚静 / 150
多学科交叉融合构建四川大学基础学科拔尖学生培养新格局
　　　　………………………………………………… 李欣媛　刘孝利 / 155

基于多学科大平台构建基础学科拔尖人才培养"立交桥"的研究与实践

党跃武　刘　黎

四川大学教务处

摘　要：党的二十大凸显了教育举足轻重的地位，基础学科拔尖人才培养是关乎把我国建设成为重要人才中心和创新高地的重大战略任务。四川大学深化基础学科拔尖人才培养"一式三制三化"模式，锚定目标，以多学科大平台和四大支撑计划构建基础学科拔尖人才培养"立交桥"，形成基础学科拔尖人才培养的全方位立体式"快车道"，全面服务国家人才强国战略，为我国加快建设世界重要人才中心和创新高地奠定坚实的基础。

关键词：基础学科；立交桥；大平台

党的二十大提出"教育、科技、人才是全面建设社会主义现代化国家的基础性、战略性支撑"，凸显了教育事业在党和国家工作全局中举足轻重的地位。当今世界"两个大局"交织激荡，新一轮科技革命和产业变革孕育兴起，世界需要人才，实现中华民族伟大复兴需要人才。2021年4月19日，习近平总书记在考察清华大学的时候说道："要用好学科交叉融合的'催化剂'，加强基础学科培养能力，打破学科专业壁垒，对现有学科专业体系进行调整升级，瞄准科技前沿和关键领域，推进新工科、新医科、新农科、新文科建设。加快培养紧缺人才。"基础学科拔尖创新人才培养是关乎把我国建设成为世界重要人才中心和创新高地的重大战略任务。十年来，我国的"基础学科拔尖人才培养计划"（简称"拔尖计划"）聚焦国家重大战略需求，累计吸引1万余名优秀学生投身基础学科，"强基计划"累计招收1.8万余人。经过十多年的基础学科拔尖人才培养，所培养的毕业生已经在社会各行各业发光发热。然而"科学源头的大成果匮乏，能解决卡脖子问题的根技术匮乏"。提升基础学科拔尖人才的创新能力，不断致力于攻克世界科技前沿及"卡脖子"问题，是高等教育的必经之路。

学科发展史经历过最原始的混沌统一到 20 世纪的精细化分。当今学科发展不断融合、交叉、渗透，新兴交叉学科、综合学科、边缘学科不断涌现，知识结合的方向由单一线性走向多维非线性，形成立体网络的学科发展格局。学科之间的界限越来越模糊，学科交界的领域往往能产生最前沿的高水平研究成果。技术发展日新月异，知识总量的指数级增长以及学科边界日益模糊等诸多特点，都反向诉诸能力类型和运作方式的变革，倒逼拔尖人才超越特定的专业领域边界。拔尖人才的评价也从一元智能和领域专属性向多元智能和跨领域性转化。拔尖人才的发展，除了受个体自然禀赋的影响，还是一个文化赋予的过程，涉及一系列世界观、价值体系、思维方式、方法论和技术支持。个体能否成长为拔尖人才既是一个复杂的行为选择过程，也是多元体系内部的互动过程。

一、建设思路

四川大学自 2000 年启动实施"创新人才综合培养计划"、2006 年正式成立吴玉章（荣誉）学院，为实施"拔尖计划"奠定了坚实基础。自 2009 年首批加入国家"基础学科拔尖学生培养试验计划"，截至 2024 年 4 月，四川大学"拔尖计划 2.0"已经有 7 个国家级基地、3 个省级基地、3 个校级基地。2020 年四川大学入选"强基计划"，目前有 9 个"强基计划"专业。截至 2024 年 4 月，四川大学"拔尖计划"与"强基计划"在校生 1200 余名，为国家输送基础学科拔尖人才 1300 余名。

四川大学（以下简称"川大"）作为一所综合性研究型大学，风格突出。首先，川大是一所百年名校，历史悠久，底蕴深厚；其次，川大是学科门类齐全的超大型综合性研究型大学，文理工医四大学科门类发展均衡；最后，川大扎根祖国西部。川大立足于综合性研究型大学的特点，学科建设与人才培养致力于多学科交叉、内涵式发展。为全面实施"国家基础学科拔尖人才培养战略行动"，川大加强顶层设计，明确行动方针，出台《新时代四川大学基础学科拔尖人才培养实施方案》，即基础学科"川大十八条"，从学院的单学科人才培养发展为跨学科、多部门联动的跨学科人才培养，建设基于多学科大平台的基础学科拔尖人才培养"立交桥"。"文史哲""数理力""化生医"3 个多学科大平台为"内交叉"，相近学科内部实现融通。四项支撑计划为"外交叉"，多渠道多方面融通。多学科大平台与四项计划互为支撑、纵横交错，形成基础学科拔尖人才培养的"立交桥"，全方面搭建基础学科拔尖人才培养的"快车道"，进一步解决人才培养"资源—人才—机制"三个核心要素之资源配置的先进性、融通性不足,拔尖群体的辨识度、投入度不足,工作机制的合理性、有效性不足等问题,辐射拔尖人才培养的全链条、全要素、全过程。基础学科拔尖人才培养"立交桥"在"价值塑造、素质养成、能力培养、知识传授"四位一体的本科人才培养思路的基础上,进一步聚焦和强化"强基础、厚通识、宽视野、多交叉",抓住一流课程、一流教材、一流保障和一流实践"四个核心",坚持以目标导向、需求导向和国家战略导向为主,着力培养学生兴趣潜质与使命担当相结合、扎实基础与宽广视野相结合、创新思维与独立思考相结合的全面发展素质能力。

二、多学科大平台交叉融合促进人才培养内涵式发展

(一)德育建设为先

川大采用探索理论教育与实践教育相融合的新思政模式,进一步发挥以弘扬江姐精神为引领的"川大红"红色文化育人体系的作用,以编制基础学科课程思政教学指南、创作表演以老校长吴玉章为主题的校史文化剧等为抓手,培育一批基础学科课程思政榜样课程、模范教师、教学团队,设计一系列优秀教案和课件,打造基础学科"大思政课"建设"川大样板"。目前已建成5个基础学科"江姐班"。2018级生物科学"拔尖班"(江姐班)荣获"全国高校活力团支部""四川省五四红旗团支部"等多项荣誉称号。

(二)通识教育为基

川大面向国家重大需求与学生未来发展需要,以学生价值观养成、科学思维构建、素养训练和个性化发展为导向,构建"一个目标,两条主线,两大先导,五大模块,百门核心课"的新时代通识教育课程体系,承载人类文明与科学技术的整体视野,让学生具有更宽广、更复合的知识、能力、思维与素质,以面对未来的变革与挑战。聘用一流师资开设"人类文明与社会演进""科学进步与技术革命""万物皆数:探寻数学的理与美"等核心课程,开展"一课一书"编写计划。文理工医36个学院组建超过70余个跨学科教学团队,打破学科、专业、院系边界,7个学期建设90门核心课。建设"有温度的2∶1课堂",强化跨学科交叉式项目、深度研讨与实践项目。分阶段评价、递进式改进的通识教育核心课程多维度评价体系强化质量监督。

（三）课程建设为本

川大以基础要素"小切口"带动解决人才培养"大问题"，依托教育部基础学科系列"101 计划"，构建三大平台课程体系。川大数学学院张伟年教授作为学科带头人，进入数学"101 计划"专家委员会及工作委员会，牵头《常微分方程》教材修订工作。55 人参与"一流课程、一流教材、一流实践、一流团队"建设。华西基础医学与法医学院李昌龙教授牵头《医学分子细胞遗传基础》建设工作。开设"人文经典导读""经典研读""物理学简史""偏微分方程""理论力学""蓉城水文与水质调研"等大平台课程。教之以理，成之以材，围绕数学、物理学、化学、生物科学、计算机、工程力学、基础医学七个基础学科核心课程共荐 *Topology：a Categorical Approach*、*Statistical Physics：Statics，Dynamics and Renormalization* 等 150 余种国（境）外高水平教材教辅。

（四）科教融合为重

川大依托"创新 2035"先导计划等国家级和校级重大科研项目，面向国家亟需关键领域和川大优势特色领域，调整资源配置，促进科教深度融合，使学生切实参与探索科技发展前沿，应对人类未来重大挑战。2021 年，数学学院率先通过"信息软件与底层算法计划"对基础学科拔尖学生进行创新性科研训练。2022 年，"国家级大学生创新创业训练计划"创设专门面向基础学科拔尖学生的"2035 特区子计划"，近两年立项 251 项。2023 年，"未来医学港湾计划"以及"医学＋信息""医学＋材料""医学＋制造"等医工融合中心的科研和学科交叉团队联合面向基础学科拔尖学生开展科研训练，已有 36 名学生参与。物理学院利用国家布局在西部地区的大科学装置，组织拔尖学生参与惯约聚变专项、锦屏山深地暗物质研究、国家磁约束核聚变能发展研究专项、中国科学院高能物理研究所粒子天体物理中心高海拔宇宙线观测站（LHAASO）等项目。以校级基础学科拔尖学生"面向 2035：挑战与猜想"活动为教育部"提问与猜想"活动孵化高水平科研项目，荣获教育部"提问与猜想"学术活动二等奖一项、展示奖两项。

（五）素养培育为要

作为 15 个"中国大学书院交流共同体"成员之一，川大吴玉章学院组织学生与来自北京大学元培学院、澳门大学郑裕彤书院、中山大学博雅书院、湖南大学岳麓书院等书院交流共同体成员的学生共同"围炉煮茶""华山论道"。

吴玉章学院融合"拔尖计划 2.0""强基计划""创新人才综合培养计划"等计划，形成跨 70 余个专业、本科四个年级的跨学科学习社区。通过第一课堂与第二课堂有机联动，构建随时随地的交叉学习研讨氛围，在实现文理渗透的基础上，满足学生个性化的全面发展需求；"玉章科技月""'科学、哲学与人生'研讨课 2.0""Have Fun－我的学科有点儿意思""'玉章思享'读书沙龙""星光夜跑""钢琴诵读音乐会""驻院导师跨学科指导"等活动为学生跨学科学习、研究实现"加油、换挡"，期待"超车、领跑"。

三、四项计划协同发力支撑基础学科拔尖人才培养的核心地位

（一）"个性化优材培养计划"打造基础学科拔尖创新人才培养高地

川大以"双特生"人才培养实践为基础，大力推进完全学分制，支持"拔尖计划"学生在导师指导下，"一人一案""优案优策"地制订个人学业计划，重新构建人才培养方案。做实本硕博跨学段贯通衔接，从培养计划、培养方式、课程体系等切入，结合川大数学、化学、生物、汉语言文学等优势基础学科，围绕高端芯片与软件、智能科技、新材料、先进制造和国家安全等关键领域以及国家人才紧缺的人文社会科学关键领域在全校范围进行本硕博跨学科贯通式培养。持续推进基础学科"中学生英才计划"，在重点优质生源中学建立"四川大学拔尖创新人才培养基地班"（川大班），联合开展优秀中学生夏（冬）令营和"川大通识教育进中学"等活动，加强"拔尖计划"宣传工作，进一步汇聚优质生源。进一步加大校内"多维考核制"二次选拔力度，为有兴趣和潜质的学生开通专门的绿色通道，率先在全国推行"中学生英才计划"，让合格的学生获得报名参加川大"拔尖计划"选拔的资格。

（二）"多元化合作培养计划"拓展基础学科拔尖创新人才国际学术视野

川大加大对"大川视界"大学生海外访学计划等项目、对"拔尖计划"学生的专项支持，增加入选学生资助金额。依托教育部基础学科"国际暑期学校""基础学科全球英才伙伴计划"和学校"国际课程周（UIP）""国际交流营"项目，邀请全球顶尖学者、学术大家开设专门基础学科国际课程、专题学术讲座，汇聚未来可能影响世界的基础学科英才少年，促进基础学科学生与全球青年杰出学术人才交流互鉴，形成基础学科学术共同体。支持"拔尖计划"所在学院引进国（境）外一流大学的优质在线开放课程，组织学生参加国

（境）外暑期学校。优化配置国际化优质教育教学资源，打造基础学科国内外高水平学术与文化交流平台，向学生推出"MIT 麻省理工 AI 供应链暑期学分项目——洞见人工智能的产业应用""世界名校双教授 PBL 线上科研论文项目""海外名校导师'研究导向型线上课程'"等高水平科研项目以及剑桥大学线下课程项目。2023 年开展教育部川大基础学科"成长伙伴"国际暑期学校，参与学生规模接近 600 人，包括外国学生 26 人，汇聚国内外一流学者 32 人，包括外籍教师 27 人，共计开设 48 门课程，其中全英文或双语课程数达 35 门。

（三）"系统化管理服务计划"优化基础学科拔尖创新人才培养条件

川大凸显学院的主体责任，强化学术主导和行政保障，升级由首席专家牵头、执行主任负责的专家管理团队，实施核心工作团队制度，配备培养方案、课程建设、学术发展、指导体系执行主管分类推进工作，首批聘任多名高水平人才。完善玉章书院和专业学院协同管理模式，出台《四川大学拔尖创新人才培养双院协同育人管理办法》。调整玉章书院工作职能，深化其作为"综合素养培育及跨学科学术文化交流平台"的功能。启动基础学科共同体凝聚项目，依托教育部基础学科拔尖学生"线上书院"，共同开展"主题运营周"，推出丰富多彩的第一课堂和第二课堂活动，建强"生生共同体"。建强"师生共同体"，在实施"学术导师+学业导师""国际导师+国内导师""双导师制"的基础上，加强导师考核，实施"驻院导师制"，玉章书院驻院导师进行主题讲授、答疑解惑与面对面交流，学生"转身就可遇见大师"。

（四）"可持续育人生态计划"优化基础学科拔尖创新人才成长环境

川大致力于打造基础学科人才培养一流师资，紧密对接国家"3+N"高水平人才高地和吸引集聚人才平台建设规划，围绕学生、关照学生、服务学生，邀请国家高层次人才和一流课程教师团队、教学名师、"教学三大奖"获奖教师等担任指导教师和任课教师，业界精英和优秀校友担任社会实践导师。理论研究引领实践探索，2022 年，川大获教育部"拔尖计划 2.0"课题立项 7 项，包括 3 项重点课题。重点课题数在全国并列第一，重点立项率 43%，远高于平均 19%。设立川大基础学科拔尖学生培养研究课题，科研院、研究生院、设备处、团委社科处等多部门协同育人，全校基础学科人才培养"一盘棋"。实施多维考核及激励机制，实行学院工作年度考核制，联动发规处、校督导委对"拔尖计划 2.0"人才培养情况进行调研，举办师生座谈会，持续推进人才培养提质增效。强化激励机制，本科教学奖评定基础学科人才培养年度先进单位、基础学科优秀指导教师，本科教学"三大奖"向基础学科教师倾斜。

四、结语

基础学科拔尖人才培养是一项长期的战略性任务。川大从自身特点与优势出发，致力于走出一条以目标导向、需求导向和国家战略导向为主的、自上而下的基础学科拔尖人才培养路径，为我国高校自主探索基础学科拔尖人才培养的特色之路提供理论支持及现实依据。未来，川大将进一步促进人才培养内涵式、高质量发展，继续为加强基础研究、提升自主创新能力、助力高水平科技自立自强做出新的贡献。

参考文献：

[1] 人民网. 教育部：十年来，我国在学研究生人数增加近一倍. [EB/OL] (2022-09-27) [2024-04-26]. http：www. moe. gov. cn/fbh/live/2022/548751/mtbd/202209/t2022092_665340. html.

[2] 阎琨，吴菡. 拔尖人才培养的国际趋势及其对我国的启示 [J]. 教育研究，2020 (6)：78-91.

[3] ERICSSON K A. The Influence of Experience and Deliberate Practice on the Development of Superior Expert Performance [A]. ERICSSON K A., et al. The Cambridge Handbook of Expertise and Expert Performance [C]. New York：Cambridge University Press，2006：683-703.

本硕博贯通式人才培养模式下的
学生的学业情绪特点及提升策略[*]

林 涛[1] 陈 宇[1] 王凤怡[2]

1. 四川大学计算机学院,
2. 四川大学华西医院康复医学中心

摘 要：本硕博贯通式人才培养是高校推进教育教学改革、培养拔尖创新人才的重要举措之一。本硕博贯通式人才培养模式下的学生的学业情绪对其身心健康和学业顺利完成至关重要，但目前针对他们的学业情绪研究仍然缺乏。本文以本硕博贯通式人才培养模式下的学生为研究对象，调查了他们的学业情绪特点，分析了其原因，并提出了提升其学业情绪的策略。研究结果对进一步优化本硕博贯通式人才培养模式具有重要的理论和现实意义。

关键词：贯通式培养；学业情绪；情绪调节

一、绪论

1998年，美国教育研究协会举办了一场以"情绪在学生学习与成就中的作用"为主题的学术年会，该会议极大地激发了学术界对学业情绪（Academic Emotions）领域的研究兴趣。德国心理学家帕克让（Pekrun，2002）在其研究中对学业情绪进行了定义，将其描述为与学习、课堂教学和学业成就紧密相连的一系列情绪体验。学业情绪不仅涵盖了学生在学业环境中因成功或失败而产生的情绪反应，还包括了在教学和学习过程中出现的多样化情绪体验。学业情绪是一种情境性情绪，具有显著的领域特定性。在不同学段，不同学业领域，学生所产生的学业情绪性质不同，影响原因可能不同。

---

[*] 本文由四川大学研究生教育教学改革研究项目资助（项目编号：GSSCU2023014）。

大量研究揭示了学业情绪与学生学业成就、自我效能感、动机以及心理健康状况之间存在紧密的联系。积极正面的学业情绪不仅能够助力学生更深入地理解知识,还能激发他们的创造力,促进其积极的学习态度,有助于学生身心健康的全面发展。相反,消极的学业情绪可能会对学生的注意力产生不利影响,长期累积甚至可能导致身心健康问题。尽管越来越多的教育研究者和管理者开始重视学业情绪的重要性,但通过文献回顾可以发现,当前的研究主要集中在中小学学生身上。相较之下,针对大学生的学业情绪研究尚处于初步阶段,而针对本硕博贯通式人才培养模式下的学生(下文简称"贯通生"),相关研究还鲜见报道。

培育在基础学科领域具有突出创新能力的人才,既是构建创新型国家的核心需求,同时也是综合性大学肩负的历史使命和推动自身持续发展的内在要求。近年来,本硕博贯通式人才培养模式已成为高等教育机构深化教育改革、培育顶尖创新人才的重要策略。本硕博贯通式人才培养模式旨在构建一个系统化且连贯的教育体系,通过整合本科、硕士和博士三个教育阶段,消除传统教育中各阶段间的界限,从而实现对学生创新意识和能力的持续培养。这种模式的实施,对于提高教育教学质量、培育符合国家发展战略需求的精英人才具有深远的影响。

本硕博贯通式人才培养模式,因其紧凑的"3+2+3"时段分布,通常要求学生在8年内完成全部学业。相较于传统教育路径,这一模式在时间上显著缩短。该模式通过精简和整合课程内容,消除教学中的冗余环节,将课程学习、科研实践和毕业论文答辩等关键环节融为一体,统筹规划,从而优化了整个人才培养流程。这使得学生在相同的或更短的时间内,能够构建更为完善的知识结构,接受更为全面的科研训练,并产出更为丰富的研究成果,有效提升了人才培养的效率和质量。

然而,贯通生由于其特殊性,往往呈现出一些特点。他们通常年龄相对较小,智力水平高,认知能力强,但在情绪调节方面可能相对薄弱;而且,他们自我期望高,成就动机强烈,有时可能会表现出急功近利的心态。这些特点可能导致他们在学业过程中经历更多、更复杂的情绪体验,尤其是一些消极的学业情绪,将对他们的学习和生活产生深远的影响。近年来,涉及学生自残或伤害他人的事件时有发生,这警示我们必须重视学生的情绪健康。

因此,全面了解贯通生的情绪体验,研究他们的情绪动态及其提升策略,不仅对这些学生的个人成长至关重要,也对贯通式人才培养模式的长期发展和优化具有不可忽视的意义。高等教育机构和相关教育工作者应当加强对这一群体的关注,提供必要的情绪支持和干预,帮助他们建立健康的情绪管理机制,确保他们在追求学术卓越的同时，也能保持良好的心理状态和生活质量。

二、学业情绪相关研究

学业情绪对学生的学业成就具有决定性的作用。赵淑媛等（2012）调查分析了845名大学生，发现学业成绩与积极学业情绪之间呈现出显著的正相关性，同时与消极学业情绪呈现出明显的负相关性。进一步的研究还揭示了学业情绪与学业成绩之间更为复杂的相互作用关系。柳林（2017）指出，自我效能感在这一关系中扮演着至关重要的角色。自我效能感与积极学业情绪正相关，与消极学业情绪则呈现出负相关性。刘节约（2014）分析了导致学困生学习困难的多种因素，指出缺乏成就感和较低的学习兴趣是影响语文学困生学业成绩的主要因素。

现有关于博士生学业情绪的研究主要聚焦于传统培养模式下的博士研究生，且研究的维度相对有限，往往集中探讨如焦虑等单一负面情绪。例如，Levecque等（2017）通过对比利时3659名博士生的调查发现，博士生普遍面临着精神和情绪健康方面的挑战，其中学习压力和未来的就业前景是引发博士生焦虑情绪的主要因素。吴东姣（2019）通过问卷调查的方式，分析了博士生学业情绪水平在性别、生源地、学科、本科高校类型、年级等多个方面的差异。研究结果显示，博士生的学业情绪水平总体较为积极，积极情绪的体验超过了消极情绪；然而，他们的学业情绪水平也存在一些差异性，如女性博士生的学业情绪水平低于男性博士生，城市生源的博士生在厌烦情绪上显著高于农村生源的博士生，人文社科领域的博士生学业情绪水平低于理工科领域的博士生。

综上，目前大多数学业情绪研究以青少年和大学生群体作为研究对象，而针对博士生的学业情绪研究还相对较少。特别是对于本硕博贯通式人才培养模式下的学生研究更少。本文选取了贯通生作为研究对象，旨在调查和分析他们的学业情绪特点，并探讨这些特点的形成原因。此外，本文还提出了一系列情绪提升策略的建议，希望为未来的教育实践工作提供有价值的实证参考，从而更好地支持本硕博贯通式人才培养模式下的学生的学业发展和情绪健康。

三、研究对象与研究方法

在本文中，笔者选取了某985大学的6名贯通生，其中包括3名男性和3

名女性，覆盖了博士研究生的一、二、三年级，旨在深入探索这一特殊群体的学业情绪特征。本文采用了多种方法，包括问卷调查、访谈和回顾分析。为了更准确地评估贯通生的学业情绪，笔者参考了马惠霞（2008）的"大学生一般学业情绪问卷"，并据此自编了"本硕博贯通式人才培养模式下的学生一般学业情绪问卷"。该问卷旨在评估5种积极情绪（愉快、希望、有趣、自豪、放松）和5种消极情绪（焦虑、生气、失望、厌烦、羞愧）。问卷采用Likert五级计分法，评分范围从"完全不符合"到"完全符合"，分数从1到5分不等。此外，为了进一步探讨学业情绪与人格特质之间的关联，本文采用了吴琼等（2020）修订的简版人格量表。该量表能够有效评估个体的5种核心人格特质，包括尽责性、外向性、亲和性、开放性和情绪不稳定性。通过这种多维度的评估，我们期望能够更全面地理解贯通生学业情绪的特点及其与人格特质之间的相互作用。

四、贯通生的学业情绪特点

表1的数据揭示了贯通生在学业情绪方面的得分情况。从结果来看，贯通生的积极情绪均值（3.29）高于消极情绪均值（3.22），这一发现表明贯通生的学业情绪总体上是积极向好的。

表1 贯通生的学业情绪分数

情绪	积极情绪（均值=3.29）					消极情绪（均值=3.22）				
	愉快	希望	有趣	自豪	放松	焦虑	生气	失望	厌烦	羞愧
均分	3.22	3.61	3.20	3.35	3.09	3.55	3.11	3.03	3.12	3.31

在积极情绪中，"希望"情绪为最高得分（3.61）。通过访谈，笔者进一步认识到贯通生对发表高质量论文、高效完成科研目标以及毕业后获得满意工作等方面抱有较高的期待。这种希望情绪反映了贯通生普遍具有较高的自我期待和追求。"自豪"情绪得分位居次席（3.35），这说明贯通生对于自己的身份和所处的培养模式感到认可和自豪。作为博士生培养模式中的精英群体，贯通生通过严格的选拔过程，享有学校政策的支持和时间效率的优势。然而，"放松"情绪的得分在积极情绪中垫底（3.09），这暗示了尽管有着积极的学业情绪总体趋势，但贯通生仍面临着较大的压力，这可能源于他们较高的自我期待。

在消极情绪方面，"焦虑"情绪以得分3.55位居第一，这证实了对贯通生

"焦虑"情绪的重视迫在眉睫。访谈发现，贯通生焦虑的原因主要有：（1）压力性氛围；（2）年级增长；（3）科研成果产出、人际交往和生活压力。通过进一步调查发现，"情绪不稳定"和"内向"的学生在面对负性或压力情境时，可能会出现较大的情绪波动并采取消极应对方式，如担忧、自责和逃避，这容易导致学业倦怠和焦虑等负面情绪。而具有"外向"人格特质的学生则在情绪调节方面表现出较高的自信心，能够有效地调节情绪，减少长期的学业焦虑和学习倦怠。"羞愧"情绪紧随焦虑之后，得分较高，这表明贯通生对自己的科研水平和成果可能并不满意。值得注意的是，即便是取得了一定科研成果的学生，也可能对自己的表现感到羞愧，这种情绪体验可能源于一种自我否定的心理状态，需要引起关注。"生气"情绪得分为3.11，略低于"羞愧"情绪，主要源于研究进展的不顺利、成果被否定以及人际关系处理困难等方面。综上所述，贯通生的学业情绪呈现出一定的复杂性，既有积极的自我期待和自豪感，也面临着焦虑、羞愧和生气等消极情绪的挑战。这些发现为制定针对性的情绪调节和提升策略提供了依据。

贯通生学业情绪的性别差异没有被发现。这一结论与以"普通大学生群体"为研究对象的研究结论并不一致。赵淑媛等（2012）发现大学生的学业情绪存在性别差异，男生的消极学业情绪比女生多。从自我身份认同的角度来看，可能是贯通生的学术角色日益凸显，而性别角色则逐渐弱化。

五、学业情绪提升策略

学业情绪的支持是一个多方面、多层次的过程，需要学生、教师、学校和家庭等多方的共同努力和协作。一个支持性的环境对于贯通生积极学业情绪的形成和消极情绪的转化至关重要。以下是学业情绪提升的三个主要策略：

第一，贯通生自我调节。贯通生应当认识到自己是学业情绪的第一责任人。当情绪出现时，贯通生应学会正确识别和面对自己的情绪，积极发挥自身的主观能动性，根据个人的实际情况和能力，寻找并采用适当的情绪调节策略和方法。在学习过程中，贯通生需要保持端正的学习态度，主动探索和挖掘自己的兴趣点，维持适当的学习动机和高水平的自我效能感。

第二，教师的引导与支持。教师在贯通生学业情绪的调节中扮演着至关重要的角色。教师应当加强对贯通生心理健康的关注和教育，通过言语和非言语的方式传递积极合理的期望，避免给贯通生贴上负面标签。在科研和学习环境中，教师应营造一个民主自由的氛围，鼓励贯通生探索和尝试，尊重贯通生的个性和创造力，帮助贯通生积累成功经验，从而认识到自己的价值。同时，教师的情绪形象、社会情感能力和教学方法等都会对贯通生产生积极的影响，要帮助贯通生形成良好的情绪调节能力。特别是，对于情绪不稳定、内向的贯通生，教师应特别关注他们的特性和需求，提供有针对性的指导和情绪支持。

第三，学校的系统性支持。学校应当在课程设置中加入心理健康教育类课程，并将其作为贯通生必修课程的一部分。可以聘请专业的心理学教师，教授贯通生心理学的相关知识和技能，帮助他们更好地了解自己，树立积极的生活态度和增强面对困难的心理韧性。学校还应引导贯通生正确看待失败，鼓励他们正视并及时处理可能存在的心理问题，进行有效的干预。

这些综合性的策略可以为贯通生创造一个更具有支持性的学习和成长环境，帮助他们在学业和个人发展上取得更好的成果。

六、研究局限性及未来研究方向

本文对 6 名贯通生的调查，为我们提供了关于这一特殊群体学业情绪的初步见解。然而，由于样本数量有限，研究结果可能无法代表所有贯通生的情况。因此，未来的研究应当扩大研究范围，覆盖更多的学生、不同的学科背景和不同的培养阶段，以便更全面地理解贯通生的学业情绪特征。本文提出了一些针对贯通生的情绪提升策略，下一步的研究将对这些策略进行进一步的扩展和深入探索，探讨它们在实际应用中的有效性和可行性。

参考文献：

[1] PEKRUN R，GOETZ T，TITZ W，PERRY R P，Academic Emotions in Students' Self-Regulated Learning and Achievement：A Program of Qualitative and Quantitative Research [J]. Educational Psychologist，2002（2）：91-105.

[2] 赵淑媛，蔡太生，陈志坚. 大学生学业情绪及与学业成绩的关系 [J]. 中国临床心理学杂志，2012（3）：398-400.

[3] 柳林. 高职生学业情绪、一般自我效能感对学业成就的影响 [J]. 陕西教育（高教），2017（5）：66-67.

[4] 刘节约. 试论高中语文学困生学习内驱力的激发 [J]. 考试周刊，2014（81）：36-36.

[5] LEVECQVE K，ANSEEL F，BEUCKELAER D A，et al.，Work organization and mental health problems in PhD students [J]. Research Policy，2017（4）：868-879.

[6] 吴东姣. 博士生学业情绪现状调查及提升策略 [J]. 高教探索，2019（1）：24-31.

[7] 马惠霞. 大学生一般学业情绪问卷的编制 [J]. 中国临床心理学杂志，2008（6）：

594-596,593.
[8] 吴琼,谷丽萍. 简版人格量表在中国大型综合调查中的应用[J]. 调研世界,2020(5):53-58.
[9] 杜鑫狄. 师范生学业情绪及调节策略研究[D]. 无锡:江南大学,2023.

人工智能在拔尖创新人才学术英语写作教学中的应用研究

张露露

四川大学外国语学院

摘　要：本文探讨了人工智能技术在拔尖创新人才学术英语写作教学中的应用路径和效果。研究采用混合研究方法，在真实教学环境中实施融合人工智能技术的学术英语写作教学，并通过课堂观察、学生作业分析、问卷调查和访谈等方式收集数据，评估教学效果。研究发现，在写作选题设计环节，应用ChatGPT生成研究问题和思路，可以提升选题的前沿性和创新性；在教学资源建设方面，利用Zotero和Kimi等智能工具优化文献管理和综述撰写，可以夯实学生学术写作基础；在教学模式创新方面，融合多元智能助手形成"人机协同、师生互动"的教学新模式，有利于提升学生学术写作能力。研究表明，人工智能技术以其在知识呈现、资源建设等方面的优势，为学术英语写作教学创新提供了新的可能。然而，其在批判性思考、创新性生成等方面的局限性也需要关注。未来在拔尖创新人才培养过程中，应着力深化人机协同的智能教学模式，提升教师的人工智能教学能力，培育学生合理运用人工智能助手进行学术写作的意识和能力，优化人工智能在学术英语写作教学中的应用实践，以服务国家创新驱动发展战略。

关键词：人工智能；学术英语写作；拔尖创新人才；教学模式创新；人机协作

一、引言

（一）拔尖创新人才学术英语写作教学的重要性与挑战

学术英语写作能力是拔尖创新人才参与国际学术交流、展示研究成果的关键技能，对人才批判性思维、逻辑论证等能力的发展具有重要作用（韩丽风等，2020；Lyu，2021）。然而，受写作能力参差不齐、教学模式单一、反馈指导不足等因素影响，当前拔尖创新人才学术英语写作教学面临诸多问题（张宗益，2022；韩佶颖等，2021；陈周旺等，2021）。因此，亟须探索创新教学模式，提供个性化指导和多维度评估，以提升学术英语写作教学效果，助力拔尖创新人才培养（周梅，2021）。

（二）人工智能技术在教育领域应用的潜力与问题

人工智能技术凭借其自动化、智能化、个性化等优势，为学术英语写作教学困境的破解提供了新思路（朱永新等，2023）。人工智能可辅助教师进行写作任务设计、即时反馈、多维评估等，有望缓解教师的教学压力，满足学生个性化需求，促进学生写作能力发展（汪靖等，2023；Fang等，2023）。国内外研究已证实人工智能在写作教学中的积极作用（陈茉等，2024；Nazari等，2021）。然而，人工智能在生成高质量反馈、维持师生互动、满足不同需求等方面仍存局限，其应用需注重与教师指导、学生主体性的结合，优化策略和模式（陈凯泉等，2023；王佑镁等，2023；张博，2022）。如何在人机协同中实现学术英语写作教学的智能化创新，进而赋能拔尖创新人才培养，是本文聚焦的核心问题。

二、文献综述

（一）拔尖创新人才学术英语写作能力的内涵与培养要求

拔尖创新人才学术英语写作能力是一种复合型能力，涵盖语言运用、学科知识、批判性思维、跨文化交际等多个维度（蔡基刚，2021；李勇等，2021；黄海宁等，2022；陈娜等，2021）。培养该能力需要在教学目标、内容、方法、评估等方面提出更高要求，如重视批判性思维等的养成，加强学科知识融入，采用探究式教学，实施多元评估等（龙治坚等，2022；张依兮等，2023；蔡基刚，2019；慕秀荣，2021；潘海英等，2021）。这为人工智能在相关教学中的应用提供了方向。

（二）人工智能在学术英语写作教学中的应用现状和局限

人工智能技术在学术英语写作教学任务生成、过程反馈、质量评估等环节展现了应用潜力（朱永新等，2023；陈增照等，2023；Gayed等，2022）。实证研究证实其应用能增强学生写作动机、提升策略运用与表现能力（Fan 等，2022），但在生成针对性反馈、维持师生互动、应对学生差异等方面仍存在局限（Nazari 等，2021；Adams 等，2022；Gardner 等，2021）。未来应着眼提升反馈质量，优化人机协作，推动教学变革。

（三）研究问题的提出

基于拔尖创新人才学术英语写作能力培养要求与人工智能在相关教学中的应用潜力和局限，本文提出核心问题：人工智能技术在拔尖创新人才学术英语写作教学中应当如何应用才能有效提升教学效果？

这一问题的提出考量了现有研究对人工智能应用效果的进一步检验需求（张彤等，2021），拔尖创新人才培养对教学模式多元化的更高要求（潘海英等，2021），以及人机协同、师生互动、因材施教等亟待解决的现实问题（Fitria，2021）。

本文拟探索人工智能在写作教学各环节的应用模式，评估其教学效果，提出优化策略和实践启示，以期推动教学智能化变革，提升教学质量，促进拔尖创新人才培养，深化人工智能与学术英语写作教学融合的理论认识，拓展其教育应用空间。

三、研究设计

（一）研究方法

研究采用混合研究方法，结合质性与量性数据，探究人工智能技术在拔尖创新人才学术英语写作教学中的应用模式及效果。主要方法包括文献研究、行动研究、准实验研究和调查研究。研究贯穿学期始终，通过教学实践、观察、反思等循环步骤，不断改进教学方案，提高人工智能技术应用效果。研究数据分析环节结合质性编码和量性统计方法，多角度考察人工智能应用效果。

（二）研究对象

本文的研究对象为四川大学吴玉章学院"拔尖创新人才培养计划"学生，来自文学、历史、哲学、马克思主义、经济、数学、物理、化学、生物、基础医学、计算机等专业。研究采用目的性抽样，选取两个自然班作为实验班和对照班，每班 30 人，共 60 名大二学生参与研究。实验班接受融合人工智能的写作教学，对照班接受传统写作教学。选择该群体的考虑包括：（1）学术英语写作是拔尖创新人才必备技能；（2）学生专业背景多样，有助于检验人工智能技术的适用性；（3）学生学习动机和自主学习能力较强，利于技术应用。

（三）数据收集与分析

本文采用多种方法收集数据，以全面了解人工智能技术在学术英语写作教学中的应用效果。数据收集方法包括：

（1）问卷调查。在教学实践的不同阶段，对学生进行问卷调查，了解其写作自我效能感、策略运用、学习动机等方面的变化。

（2）写作测试。在教学实践的前后，对学生进行学术英语写作测试，考察其写作表现的变化。

（3）访谈。对实验班学生进行访谈，深入了解其在融合人工智能技术的学术英语写作教学中的体验与反馈。

（4）教学日志。通过撰写教学日志，记录教学过程中的观察和反思，捕捉学生在应用人工智能助手进行学术英语写作时的表现和变化。

在数据分析方面，本研究采用质性与量性分析相结合的方法：

（1）对于问卷数据，使用统计产品与服务解决方案（SPSS）进行描述性统计分析，了解学生在写作自我效能感、策略运用等变量上的总体情况；并采用配对样本 t 检验或重复测量方差分析，考查学生在不同时点的变化。

（2）对于写作测试数据，采用配对样本 t 检验或重复测量方差分析，考查学生写作表现的前后变化；进一步采用相关分析和回归分析，探究人工智能应用与写作表现的关系。

（3）对于访谈资料，采用主题编码的方法，提炼学生对人工智能辅助写作的关键看法，挖掘人工智能应用的利弊及改进空间。

（4）对于教学日志数据，进行质性内容分析，总结学生在应用人工智能助手进行写作时的典型表现和变化趋势，并与其他数据来源的发现进行对照。

通过综合运用以上数据收集与分析方法，本文力求从多角度揭示人工智能技术在学术英语写作教学中的应用效果及作用机制，为优化教学实践提供依据。

四、基于人工智能的学术英语写作教学实践

（一）ChatGPT 在学术英语写作选题与构思中的应用

在学术英语写作教学中，我们创新性地利用 ChatGPT 辅助学生进行论文

选题与研究构思，引导学生探索前沿研究问题，提升选题的创新性。

首先，教师引导学生明确自己感兴趣的研究方向，并将相关学科领域的关键词输入 ChatGPT。例如，生物医学工程专业的学生可以输入"tissue engineering"+"biomaterials"+"research questions"，ChatGPT 能够根据关键词组合，生成一系列潜在的研究问题和切入角度：

（1）What are the current limitations of biomaterials used in tissue engineering, and how can these limitations be overcome?

（2）How can the mechanical properties of biomaterials be optimized to better mimic the native tissue environment?

（3）What are the most promising strategies for enhancing the vascularization of tissue engineering constructs?

学生从 ChatGPT 生成的问题中选择最符合自己研究兴趣的 1-2 个，进一步思考和完善，形成初步的研究方向。

在材料科学专业的学术写作教学中，教师也鼓励学生利用 ChatGPT 探索前沿课题。例如，学生可以输入"3D materials"+"biomedical applications"+"research gaps"，ChatGPT 会生成以下研究问题：

（1）What are the main challenges in developing 3D materials for biomedical applications, such as tissue engineering and drug delivery?

（2）How can the microstructure and porosity of 3D materials be controlled to mimic the native tissue environment?

（3）What are the most promising strategies for integrating bioactive molecules into 3D materials to enhance their functionality?

学生通过分析和探讨 ChatGPT 生成的问题，可以快速了解三维材料在生物医学领域的研究前沿，并选择合适的角度展开深入研究。例如，学生可能会受到启发，考虑研究如何设计 3D 打印功能化支架材料，用于组织工程或药物递送等领域。

通过以上教学实践，我们发现 ChatGPT 在启发研究灵感、拓宽研究视角等方面展现出巨大潜力，可以有效提升学术英语写作选题的前沿性和创新性。在教师的引导下，学生普遍反馈 ChatGPT"让我们快速了解学科前沿的研究问题""提供了很多新颖的研究思路，激发了我们的创新灵感"。许多学生表示，通过与 ChatGPT 的互动，"我对自己的研究选题更有信心了""我意识到学术写作可以有更多跨学科的可能"。

（二）智能工具在文献管理和综述撰写中的应用

在学术英语写作教学中，我们引入 Zotero 和 Kimi 等智能工具，指导学生进行文献资料的收集、整理、分析，为写作积累素材，并协助完成文献综述的撰写。

首先，我们通过课堂演示和实际操作，指导学生使用 Zotero 进行文献资料的管理。学生利用 Zotero 的浏览器插件，在搜索和阅读文献的过程中，一键保存相关的期刊论文、图书章节等资源，并自动提取文献的元数据信息。接着，学生根据研究主题和内容相关性，为保存的文献创建标签和文件夹，系统地组织和分类文献资料。我们鼓励学生充分利用 Zotero 的云端同步和多人协作功能，与同学、老师共享文献资源和研究进展，促进协作学习。

在使用 Zotero 管理文献的过程中，学生逐步建立起系统化、条理化的文献收集和整理方法。这不仅提高了学生的文献检索和管理效率，更重要的是，帮助学生在广泛阅读的基础上，理清与研究主题相关的文献脉络，为文献综述的撰写打下基础。学生反馈，使用 Zotero 让他们"更清晰地了解了研究领域的知识图景""积累了扎实的文献基础，为写作提供了充足的素材和启发"。

其次，我们引导学生使用 Kimi 等智能工具，进行文献内容分析和综述撰写。学生将从 Zotero 中收集到的核心文献上传至 Kimi 平台，利用其自然语言处理和机器学习算法，自动提取文献的研究目的、方法、结果、结论等关键信息。同时，Kimi 生成文献的可视化知识图谱，帮助学生更直观地把握研究主题的知识结构和演进脉络。在此基础上，学生借助 Kimi 自动生成的文献综述初稿，深入分析和比较不同文献的异同，评估各研究的优势和局限，进一步凝练综述的核心内容。

在使用 Kimi 辅助文献综述撰写的过程中，学生不仅掌握了文献综述的基本写作技巧和规范，更重要的是，通过批判性思考和创造性整合，提升了学术写作的深度和思辨性。许多学生表示，Kimi 生成的知识图谱和综述初稿"为批判性分析文献提供了很好的思路""帮助我更快进入学术写作状态，但最终的深度思考和创新见解还需要自己去挖掘"。

最后，我们通过课堂讨论和个别指导，引导学生反思人机协作的优势与局限。智能工具在快速处理海量文献、准确提取关键信息等方面有明显优势，但对研究问题的深度剖析、前沿主题的创新探讨等，仍需要研究者的批判性思考和创造性整合。因此，我们强调，要将智能工具视为学术写作的得力助手，而非思考的替代品，只有人机协同、优势互补，才能真正提升学术写作的效率和质量。

通过实验班和对照班学生三次写作作业的平均得分（图1），本文初步考察了融合人工智能技术的写作教学对学生学术英语写作能力的影响。图1显示，实验班学生三次写作作业的平均得分呈上升趋势，从第一次作业的78.5分提高到第三次作业的85.2分。相比之下，对照班学生的写作得分虽有小幅提升，但提升幅度明显小于实验班，从第一次作业的77.8分提高到第三次作业的80.1分。

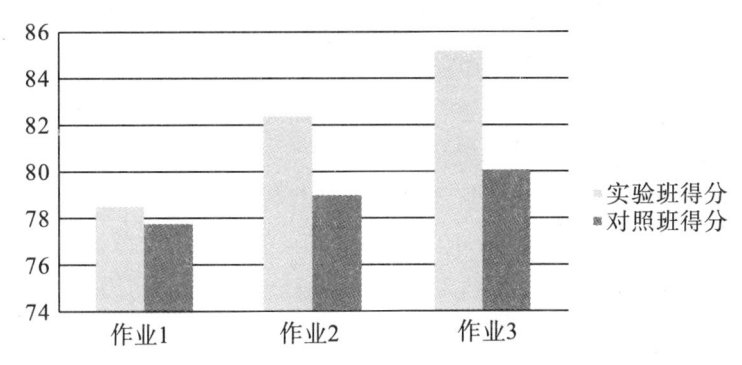

图1 实验班与对照班学生三次写作作业的平均得分

为了进一步检验两个班学生写作能力变化的差异是否具有统计学意义，我们对第三次作业的得分进行了独立样本t检验（表1）。结果显示，实验班学生写作得分显著高于对照班学生。这表明，融合人工智能技术的写作教学对学生的写作能力提升具有显著的积极影响。

表1 学生第三次写作作业得分的独立样本t检验结果

独立样本t检验结果			
组别	均值（M）	标准差（SD）	样本量（n）
实验班	85.2	6.3	30
对照班	80.1	7.2	30
t检验结果	$t(58)=2.95$		
显著性（p值）	$p<0.01$		
效应量	0.76		

在学术英语写作教学中，我们尝试利用 Zotero、Kimi 等智能工具辅助文献管理和综述撰写，取得了积极成效。通过智能工具与人工分析的协同，学生能够更高效、全面地梳理文献，更深入、创新地完成综述，为自己的学术写作奠定扎实的基础。

五、教学效果评估与讨论

基于课堂观察、学生作业分析和访谈等数据，融合人工智能技术的学术英语写作教学初步显示出积极效果。在教学实践中，学生借助 ChatGPT 生成的研究问题和思路，其选题的创新性和前沿性得到提升；通过 Zotero 和 Kimi 的辅助，学生更高效地梳理了文献脉络，夯实了综述写作基础。整体而言，学生的学术英语写作能力在选题构思、资料管理、文献综述等关键环节都有明显进步，学习信心和主动性也显著提高。

然而，评估也揭示了人工智能技术在学术英语写作教学应用中存在的局限和挑战。尽管 ChatGPT 和 Kimi 在提供研究灵感、梳理文献脉络等方面表现出色，但在批判性分析和创新性思考等高阶认知能力方面，仍难以完全取代人类专家的角色。此外，部分学生过度依赖人工智能助手，存在思维定式和创新不足的风险。未来在深化人工智能技术教学应用的过程中，需要进一步增强教师的人工智能素养，优化人机协同的教学策略，加强对学生批判性思维和创新能力的培养，以充分发挥人工智能技术的赋能效应，更好地推动学术英语写作教学的变革和创新。

本文在真实的教学语境中探索了人工智能技术在学术英语写作教学中的应用路径和效果，结果表明融合 ChatGPT、Zotero、Kimi 等智能工具的教学模式，能够在选题构思、文献管理与综述撰写等关键环节，有效促进学生学术英语写作能力的提升。同时，本文也凸显了在人工智能技术广泛应用的背景下，教师角色的转变和人机协同教学策略的优化，对于充分发挥技术优势、培养高水平拔尖创新人才的重要意义。

六、结论

本文以"人工智能在拔尖创新人才学术英语写作教学中的应用研究"为题，探索了人工智能技术在学术英语写作教学中的应用路径和效果。研究发现，在写作选题设计环节，应用 ChatGPT 辅助生成研究问题和思路，可以提升选题的前沿性和创新性；在教学资源建设方面，利用 Zotero 和 Kimi 优化文献管理和综述撰写，可以夯实学生学术写作基础；在教学模式创新方面，融合多元智能助手形成"人机协同、师生互动"的教学新模式，有利于提升学生学术写作能力。

人工智能技术以其在知识呈现、资源建设等方面的优势，为学术英语写作教学创新提供了新的可能。然而，我们也必须清醒地认识到，人工智能技术在学术英语写作教学中的应用仍存在一些局限性和潜在风险。在批判性思考、创新性思维等高阶认知能力的培养方面，人工智能助手尚难以完全取代人类教师的作用。部分学生过度依赖人工智能助手，可能削弱其独立思考和创新探索的意识与能力。此外，人工智能算法的透明度和公平性还有待进一步验证，学生写作数据的收集和分析也可能引发隐私泄露等伦理问题。

因此，在未来拔尖创新人才培养过程中，我们在着力优化人机协同的智能教学模式的同时，还必须高度重视人工智能技术应用的伦理规制和安全防护。一方面，要加强对教师的人工智能素养培训，提升其将人工智能助手恰当融入写作教学的能力；另一方面，要加强学生的学术诚信教育和信息安全意识，引导其合理利用人工智能助手，而非过度依赖。还可以进一步拓展跨学科视角，深入探讨人工智能驱动的学术英语写作教学生态的构建路径、动力机制和治理方略，推动多方协同、多维赋能，最大限度地发挥人工智能技术的教育 enabling 效应。同时，还需加强学生创新思维和批判性思考能力的培养，确保人工智能技术成为激发学生创造力的"催化剂"，而非束缚思维的"枷锁"。唯有在人机协同中实现优势互补、深度融合，才能真正推动学术英语写作教学范式的革新，为国家创新驱动发展战略源源不断地输送高素质拔尖创新人才。

参考文献：

[1] ADAMS D, CHUAH K M. Artificial intelligence-based tools in research writing: Current trends and future potentials [M] //Artificial intelligence in higher education. New York: Springer International Publishing, 2022: 169-184.

[2] FANG Y, ROSCOE R D, MCNAMARA D S. Artificial intelligence-based assessment in education [M] //Handbook of artificial intelligence in education. Cheltenham: Edward Elgar Publishing, 2023: 485-504.

[3] FITRIA T N. Grammarly as AI-powered English writing assistant: Students' alternative for writing English [J]. Metathesis: Journal of English Language, Literature, and Teaching, 2021 (1): 65-78.

[4] GARDNER J, O'LEARY M, YUAN L. Artificial intelligence in educational assessment: 'Breakthrough? Or buncombe and ballyhoo?' [J]. Journal of Computer Assisted Learning, 2021 (5): 1207-1216.

[5] GAYED J M, CARLON M K J, ORIOLA A M, et al. Exploring an AI-based writing Assistant's impact on English language learners [J]. Computers and Education: Artificial Intelligence, 2022 (3): 100055.

[6] LYU J. Socialization of Mainland Chinese PhD Students：A Case Study of Two Universities in Hong Kong and Beijing [D]. Hong Kong：The Chinese University of Hong Kong，2021.

[7] NAZARI N，SHABBIR M S，SETIAWAN R. Application of Artificial Intelligence powered digital writing assistant in higher education：randomized controlled trial [J]. Heliyon，2021（5）：1－9.

[8] OUYANG F，ZHENG L，JIAO P. Artificial intelligence in online higher education：A systematic review of empirical research from 2011 to 2020 [J]. Education and Information Technologies，2022（6）：7893－7925.

[9] 张博. 人工智能时代教育面临的挑战与解决路径探析 [J]. 教育科学发展，2022（11）：4－6.

[10] 蔡基刚. 高校英语教学范式新转移：从语言技能训练到科研能力培养 [J]. 外语研究，2019（3）：55－60，112.

[11] 蔡基刚. 科学素养视角下的高校创新人才培养：公共英语课程改革研究 [J]. 北京第二外国语学院学报，2021（2）：3－14.

[12] 陈娜，李秀颖，张兰，等. "六卓越一拔尖"安全工程人才培养改进研究 [J]. 中国安全科学学报，2021（5）：91－97.

[13] 陈茉，吕明臣. ChatGPT环境下的大学英语写作教学 [J]. 当代外语研究，2024（1）：161－168.

[14] 陈增照，石雅文，王梦珂. 人工智能助推教育变革的现实图景——教师对ChatGPT的应对策略分析 [J]. 广西师范大学学报（哲学社会科学版），2023（2）：75－85.

[15] 陈凯泉，胡晓松，韩小利，等. 对话式通用人工智能教育应用的机理、场景、挑战与对策 [J]. 远程教育杂志，2023（3）：21－41.

[16] 陈周旺，段怀清，严锋，等. 新文科：学术体系、学科体系、话语体系——复旦大学教授谈新文科 [J]. 复旦教育论坛，2021（3）：5－23.

[17] 韩佶颖，张静，赵艳琳. 从通用英语到学术英语：教师改变的案例研究 [J]. 北京第二外国语学院学报，2021（5）：118－131.

[18] 韩丽风，秦小燕，杨志刚，等. 新环境下高校信息素养教育宏观规划研究 [J]. 图书情报工作，2020（7）：39－45.

[19] 黄海宁. 英语专业学生小组合作论文写作的行动研究 [J]. 创新教育研究，2022（10）：2904－2910.

[20] 李勇，王军政，肖文英，等. "四类型七维度"创新人才培养模式的探索与实践 [J]. 学位与研究生教育，2021（12）：20－26.

[21] 龙治坚，任鹏，张瑜，等. 地方高校"拔尖计划"人才培养模式的探索与实践——以西南科技大学生命科学与工程学院为例 [J]. 创新创业理论研究与实践，2022（9）：124－127.

[22] 慕秀荣. 新文科背景下基于混合式学习的医学英语教学研究 [J]. 创新创业理论研究

与实践，2021（10）：120-122.

[23] 潘海英，刘淑玲. 新文科建设背景下大学外语课程创新发展的若干思考［J］. 当代外语研究，2021（3）：45-52.

[24] 汪靖，米尔外提·卡马勒江，杨玉芹. 人机共生的复合脑：基于生成式人工智能辅助写作教学的应用发展及模式创新［J］. 远程教育杂志，2023（4）：37-44.

[25] 王佑镁，王旦，梁炜怡，等. "阿拉丁神灯"还是"潘多拉魔盒"：ChatGPT教育应用的潜能与风险［J］. 现代远程教育研究，2023（2）：48-56.

[26] 张彤，尹欢，苏磊，等. 人工智能辅助学术同行评议的应用及分类［J］. 中国科技期刊研究，2021（1）：65-74.

[27] 张宗益. 推进"三位一体"教育评价改革与时俱进建设世界一流大学［J］. 中国高教研究，2022（9）：7-10.

[28] 张依兮，杨莉，黄飞燕. 面向本科新生通识写作课的嵌入式教学实践探索——以南方科技大学图书馆为例［J］. 农业图书情报学报，2023（8）：98-107.

[29] 周梅. 研究生学术英语写作项目的评价体系建构——基于CIPP评价模型的研究［J］. 2021（2）：43-48.

[30] 朱永新，杨帆. ChatGPT/生成式人工智能与教育创新：机遇，挑战以及未来［J］. 华东师范大学学报（教育科学版），2023（7）：1-14.

文献汇报在化学拔尖本科生培养中的实践与探讨

周吉亮

四川大学化学学院

摘　要：拔尖本科生的培养对于基础科学的发展至关重要，需要创新的培养方法。笔者将文献汇报指导方法引入化学拔尖本科生的培养中。该方法有助于学生提高自主学习能力、了解化学领域前沿、提高专业英语素养、提升PPT制作水平、增强演讲汇报能力。笔者建议将此指导方法在拔尖和强基本科生培养中进行推广。

关键词：拔尖本科生；培养方法；文献汇报

科学技术是第一生产力，是先进生产力的集中体现和主要标志。基础科学研究与创新是科学技术进步的根本和源动力。为了促进我国基础科学的发展，2009年，教育部联合中组部、财政部启动"基础学科拔尖学生培养试验计划"（简称"拔尖计划"）；2020年，教育部开始试点"强基计划"。这些计划旨在选拔有志于从事基础科学研究的拔尖本科学生，培养服务于国家重大战略需求的创新人才。为了实现这一高于一般本科教育的目标，开发创新的培养模式必不可少。因此，四川大学推出了为拔尖班和强基班本科生配备正常教学以外的"学业指导老师"（每10名左右的学生配备一名学业指导老师，主要在学业方面进行指导）和"学术指导老师"（一对一，主要在学术方面进行指导）的新培养模式。这种培养模式下，要求和鼓励各位导师因地制宜、因材施教，提出并实施不同的指导方法，并加强交流学习。

化学是一门涉及范围很广的学科，化学基础知识和基本理论是化学工程、生命科学、材料科学、能源科学、环境科学、药学和医学等众多学科领域的工作者必学的知识。另外，化学还是一门以实验为基础的学科，大量相关工作者每天的科学实验为化学学科增添着新的知识。但是，当今本科教学中讲授的化学知识与理论大多建立于20世纪50年代以前，学生从中很难了解化学前沿内容。而且，化学专业本科生还要学习无机化学、有机化学、物理化学、分析化学等多门二级学科知识，这为有志于从事化学科学研究的本科学生进一步深造学习时选择研究方向造成了困扰。针对这一问题，笔者作为化学专业拔尖计划学业指导老师，采用组织小组文献汇报的方法，引导学生了解不同研究领域的前沿知识，为他们以后选择科研方向奠定了基础。而且，该指导方法对于提高学生自主学习、专业英语、PPT制作、汇报演讲等众多方面的能力具有积极作用，建议推广。

一、文献汇报指导方法的实施

（一）立意

笔者自2022年10月开始担任四川大学化学学院2022级拔尖班9名学生的学业指导老师。经过几次面对面交流，笔者发现学生对于走进实验室进行科研训练具有浓厚的兴趣。但是，由于他们刚刚开始学习大学课程，对于化学专业各个二级学科并不了解，难以明确个人的兴趣和特长所在，对于如何选择合适的科研方向感到比较迷茫。虽然化学学院为每位学生分配了学术指导老师，但这项分配带有随机性，并不一定符合学生的兴趣和特长。注意到该问题以后，笔者尝试将个人课题组研究生培养中的文献汇报指导方法引入拔尖班本科生的培养中。这种方法在化学研究课题组中普遍存在，对于研究生提升自主学习能力、把握所从事研究领域的前沿成果效果显著。化学专业大多数领域的前沿文献均为英文，文献研读能够提升学生的专业英语水平。而化学专业PPT制作和演讲汇报方面的训练也必将帮助他们提升相应的能力。综上，文献汇报指导方法的引入旨在促进拔尖本科生提高自主学习能力、了解化学领域前沿、提高专业英语素养、提升PPT制作水平、增强演讲汇报能力等综合素质的发展。

（二）主题与实施方法

对于部分高中阶段参加过化学专业竞赛的学生来说，他们已经学习过超出中学水平的化学知识，因此通常可以根据个人兴趣选择文献汇报的主题。而对于其他学生来说，他们选择的主题通常与其学术指导老师的研究领域相关。表1展示了2022级拔尖班本科生文献汇报的主题及研究领域。我们可以看出，其文献汇报主题涉及金属有机催化、元素有机化学、有机全合成、生物分析化学、生物化学、发光材料等众多领域。这基本符合文献汇报指导方法实施的最初目的，即促进学生多方面了解化学前沿领域，为以后选择科研方向奠定基础。

表1 2022级拔尖班本科生文献汇报的主题及其研究领域。

序号	主题	研究领域
1	铑有机催化	金属有机催化
2	单线态膦宾简介	元素有机化学
3	蛋白质修饰	生物化学
4	铋杂紫罗碱的合成与应用	发光材料
5	葡萄红斑病毒检测方法	生物分析化学
6	钯有机催化	金属有机催化
7	天然产制Vinigrol的全合成	有机全合成

注：鉴于隐私，学生姓名以序号代替。

拔尖班本科生文献汇报活动的实施方法如下。首先，在学生开始文献研读与汇报之前，笔者向他们展示了化学文献的种类、来源和查阅方法等基础知识。其次，给予他们两周以上的文献研读和PPT制作时间。再次，每位学生逐次开展文献汇报。由于基础情况不一，对学生文献汇报的内容和时长等都不设限制。文献汇报结束后，学生自由提问和讨论。最后，笔者对文献汇报内容进行汇总点评，并对相关领域进行拓展介绍，力求学生对相关研究方向有更详细的了解和更深入的把握，能进一步明确个人擅长或感兴趣的科研领域。

（三）内容与评价

文献汇报活动开展伊始，由于学生尚未完成化学各个二级学科知识的学习，而且专业英语能力十分有限，对于研读前沿领域文献较为抵触。此时，表1中的学生1由于在高中阶段进行过化学竞赛训练，学习过部分大学化学知识，主动站出来开启了这项活动。事实表明，学生1凭借知识储备方面的优势，文献汇报内容最为丰富，时长最长（约3小时）。而且学生1对于所讲文献理解到位，表述清晰，充分展示了拔尖班本科生的专业素养和培养潜力。在学生1的带动下，其他学生克服了畏难情绪，主动加入该项活动，并且均表现优异。虽然开展这项活动时，学生尚未开始学习大学"有机化学"，但大部分学生的汇报主题与有机化学相关。这是因为他们感觉有机化学与日常生产、生活联系更紧密，普遍对其更感兴趣；而且四川大学化学学院以有机化学见长，学生接触的导师的研究领域大多与有机化学相关。另外，部分学生还对日常可以接触到的生命、人体等方面的奥秘感兴趣，因此汇报主题与生物化学相关。但是，文献汇报活动的开展采用自愿参加的方式，而且受限于笔者所指导的拔尖本科生的人数，因此在主题覆盖方面并不全面，并未涉及无机化学、物理化学等学科方向。

该学期学生文献汇报的广度和深度均令人满意，整体呈现越来越好的趋势。

二、文献汇报指导方法的推广建议

（一）效果与体会

第一，文献汇报指导方法可以帮助学生提高自主学习能力。从文献汇报效果可以看出，学生非常认真地研读了相关文献，即使老师尚未讲授相关基础知识，他们依然能够通过自主学习，较为准确地回答相关问题。随着活动的持续开展，学生参与学术讨论的热情不断提高，快速理解他人讲述的文献知识的能力不断增强。

第二，文献汇报指导方法可以帮助学生了解化学领域前沿知识，帮助学生了解不同的化学前沿领域知识，有利于他们以后选择心仪的研究方向。但是，目前参与该活动的学生人数还不够多，涉及的领域也不够全面。笔者计划加强不同学业指导老师小组之间的交流，让更多拔尖和强基班的学生参与到该活动中来。

第三，文献汇报指导方法可以帮助学生提高专业英语素养。由于化学专业绝大多数领域前沿文献为英文，学生选择的汇报文献亦多为英文文献。文献汇报时，学生能够较为准确地翻译专业词汇，而且对于提出的专业英语相关的问题能够流利地解答，专业英语素养得到了显著的提升，这对于他们以后开展科研工作十分重要。

第四，文献汇报指导方法可以帮助学生提升 PPT 制作水平。随着该活动的不断开展，学生制作的 PPT 越来越专业、规范、逻辑顺畅。

第五，文献汇报指导方法还可以帮助学生增强演讲汇报能力。在文献演讲方面，学生普遍表现良好，展现了拔尖本科生较高的综合素质。他们在演讲前做足了准备，仔细研读了文献，精心制作了 PPT，认真梳理了演讲逻辑，态度端正，值得表扬。而且随着活动开展，学生在汇报时越来越自信从容，演讲水平不断提高。尤其是学生 7 的文献汇报，内容丰富、逻辑清晰、模块完整、讲解得当，很好地向其他同学展示了天然产物全合成这一研究方向的特点和魅力，笔者认为其文献汇报已经达到了研究生的水平。

（二）推广建议

文献汇报活动开展以来，取得了良好的效果，因此笔者建议将此活动在拔尖本科生培养中进行推广。由于这是笔者首次将文献汇报引入本科生培养工作，许多方面仍有待提高。根据个人经验，笔者提出了如下几点推广建议。

（1）鼓励更多学生参与。该活动持续开展的最大瓶颈便是参与人数较少，这是因为笔者学业指导的本科生数量较少，加之该活动并非一门课程，很大程度上依靠学生自愿参加。参与人数较少，也导致能够介绍的研究方向有限。因此，推广工作的首要事项便是鼓励更多的学生参与到该活动中来。目前对于笔者来讲最简便的方法便是与其他几位本学院的学业指导老师交流合作，让更多的学生参与该活动。

（2）带领学生聆听知名学者的报告。以化学学院为例，经常有国内外知名学者前来进行学术交流。如果时间合适，建议教师带领学生共同聆听知名学者的报告。这一方面可以让学生直接了解前沿方向，另一方面可以让学生观摩学习知名学者学术汇报的方式和风格，将其借鉴到个人的文献汇报活动中。

（3）给予学生更悉心的指导。根据个人经验，笔者建议教师在学生进行文献汇报之前，对其进行两次指导，首先指导学生学会如何查阅文献，然后进行一次文献汇报示范，让其观摩学习。之后，在学生文献汇报主题选择时给予一定的引导，尽量让他们展示不同的研究方向。教师要在文献汇报前提前了解相关内容，以便汇报后进行更加详细的点评和拓展介绍，力求帮助学生更深入地了解相关领域知识。

（4）开设选修课程。如果该活动在后续推广中收到良好的反馈，笔者建议为拔尖和强基本科生开设一门文献汇报选修课。这样一方面可以吸引更多有兴趣的拔尖学生自愿参与，让该活动有序、持续开展下去；另一方面可以督促学生更加认真地准备文献汇报，相互促进，收获更多。

三、总结

笔者担任拔尖班学业指导老师之后，发现学生对于走进实验室进行科研训练具有浓厚的兴趣，但对于如何选择合适的科研方向感到迷茫。注意到该问题以后，笔者将文献汇报指导方法引入拔尖本科生的培养中。从该活动实施效果来看，文献汇报有助于拔尖本科生提高自主学习能力、了解化学领域前沿、提高专业英语素养、提升PPT制作水平、增强演讲汇报能力。因此，笔者建议将此活动在拔尖和强基本科生培养中推广开来，带领学生聆听知名学者的报告，给予学生悉心的指导，通过开设选修课等方式引导更多学生参与到文献汇报活动中。

参考文献：

[1] 邵剑兵，惠建鹏. 导师制拔尖人才培养模式探究［J］. 教育现代化，2016（28）：4－7.

[2] 谢深霞，施维，杨晓梅，等. 本科生导师制背景下文献报告会教学法的探索与思考［J］. 产业与科技论坛，2023（9）：167－168.

[3] 杨旻玥，叶斌，张凌琳，等. 指导性文献阅读与汇报在研究生科研能力培养中的应用［J］. 中国卫生产业，2018（22）：114－116.

[4] 周雅情，吴文海，孙勇，等. 学术文献汇报在化学专业英语教学中的实践与思考［J］. 汉江师范学院学报，2021（6）：124－128.

[5] 侯晋，周烨，刘星光，等. 文献汇报在医学免疫学教学中的实践和探讨［J］. 基础医学教育，2011（11）：969－971.

"强基计划"学生本研转段多元化实施路径研究*

李 洁

四川大学研究生院

摘 要：我国正面临从教育大国向教育强国转变的关键时期，基础学科的发展和基础学科拔尖创新人才培养具有至关重要的作用。"强基计划"是我国拔尖创新人才培养的重要举措。高校在"强基计划"的试点过程中，不可避免地会遇到一些困难。高校如何走出基础学科拔尖创新人才培养困境，探索适合于"强基计划"学生的培养模式，是值得研究的事情。本文从"强基计划"学生本研转段工作着手，从组织管理，转段层次、专业和规模，学生报名条件，转段流程，转段标准和转段工作的监督管理机制等方面探讨了多元化的实施路径，供高校和"强基计划"学生参考。

关键词："强基计划"；本研转段；实施路径

一、引言

我国高等教育已进入普及化阶段，高等教育规模已居世界首位。我国正面临着从教育大国向教育强国转变的关键时期，基础学科的发展和基础学科拔尖创新人才培养具有至关重要的作用。为了培养具有国际视野和创新能力的基础学科拔尖人才，回应"钱学森之问"，我国将培养基础学科拔尖人才列入国家教育强国战略任务，先后在部分高校试行"基础学科拔尖学生培养试验计划"即"珠峰计划"、"基础学科拔尖学生培养计划2.0"（简称"拔尖计划2.0"）和"高校基础学科拔尖学生培养试验计划"即"强基计划"。

---

* 本文系四川大学基础学科拔尖学生培养研究课题（第一期）（项目编号：SCUBJ111）、四川省学位与研究生教育学位2023年研究课题（项目编号：2023YB0204）成果。

"强基计划"的实施是为了满足国家重大战略需求而提出的一项高考招生制度改革，着眼于国家急需紧缺的基础学科人才选拔与培养。与"拔尖计划2.0"相比，其招生专业范围更小、选拔要求更高、招生高校实力更强，再加上实行本－硕－博衔接培养模式，"强基计划"越来越受到社会的关注。

参与"强基计划"的学生（简称强基生）的培养成效关系着项目实施是否成功。不断完善强基生分流淘汰机制，做好本研衔接工作，加强强基生研究生阶段的培养尤为重要。本文立足于强基生的分流和本研衔接工作，探讨多元化的本研转段实施路径，希冀为"强基计划"试点高校相关工作提供思路和参考。

二、"强基计划"项目实施的现状和面临的困境

"强基计划"从 2020 年实施以来，参与试点的 36 所高校投入了大量的教育资源进行保障，探索了多种多样的培养方式。重庆大学谭志雄等（2024）将36 所试点高校"强基计划"的培养方式总结为：实行"一制三化"的差异化人才培养模式；推行本硕博贯通式人才培养；建立系统的专业分类与流动机制；推行科教协同育人，夯实学生创新基础；强化学科交叉，重视通识教育等五类。因"强基计划"试点工作仅仅开展了 4 年，所以，无论哪种培养方式，从短期实践终究无法判断其成效。从首届强基生的本研转段工作也暴露出一些问题，如"强基计划"的培养方式与我国现行研究生招生和培养管理制度的适配性问题、高层次人才选拔与基础教育人才评价标准的差异性问题、试点高校"强基计划"招生规模与基础学科研究生办学规模的协调性问题、试点高校本科教育管理与研究生教育管理协同性问题等。

三、强基生的本研转段要求

由于存在"强基计划"的培养模式与我国现行研究生招生和培养管理制度的适配性问题，强基生仍被分为本科和研究生两个阶段进行管理。强基生在本科阶段的管理类似于普通计划学生，到了应届毕业时需参与本研转段考核，达到要求后方可进入研究生阶段培养。可以说，本研转段考核是对高校"强基计划"本科培养质量的一次检验，也是对强基生是否适合继续留在计划内深造的再次把关。

按照"强基计划"的管理要求，强基生在完成本科阶段规定的有关课程后，符合培养要求的可进入研究生阶段培养。硕博阶段既可在本学科深造，也

可探索学科交叉培养。鼓励国家实验室、国家重点实验室、前沿科学中心、集成攻关大平台和协同创新中心等吸纳强基生参与项目研究，探索建立结合重大科研任务进行人才培养的机制。

四、强基生本研转段的实施路径

强基生从本科阶段转入研究生阶段培养，需统筹高校本科生培养、研究生招生、研究生培养，以及学生管理等多部门、多院系的工作。根据学习层次，本研衔接的方式有本硕衔接和本博衔接两种，进入研究生阶段后还可进行硕博衔接（图1）。探索研究"强基计划"本研转段的实施路径可以从组织管理、转段层次、专业和规模，学生报名条件，转段流程，转段标准和转段工作的监督管理机制等方面着手。

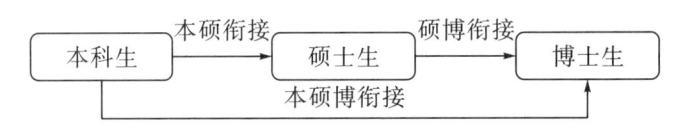

图 1 强基生本硕博衔接的方式

（一）加强对"强基计划"本研转段工作的组织管理

本科教育和研究生教育虽然都属于高等教育，但从我国高校管理体制来看，一般将本科生教育归口教务处管理，研究生教育归口研究生院管理。同时高校本科招生和研究生招生管理也相对独立，他们有的归属于教务处或研究生院，有的却是完全独立的部门。要做好"强基计划"，高校需明确内设部门的权责和分工，在组织管理上统一下好"一盘棋"。

（二）明确"强基计划"转段层次、专业和规模

试点高校根据研究生办学定位、研究生招生和培养质量、科研平台等情况，结合"强基计划"的专业和培养目标，合理确定本研转段可衔接的研究生招生层次、专业和规模。

强基生通过"本研衔接"可继续留在原基础学科专业进行贯通式培养，也可选择入选"强基计划"的基础学科新专业或非"强基计划"的其他专业进行衔接式培养。以四川大学为例，学校主动服务国家战略需求，运用综合性大学的优势，在物质与能源领域、生命与健康领域、生态与环境领域、信息与软件领域、文明与治理领域建立了学科交叉科研平台，将拔尖创新人才培养与学校学科交叉科研平台相结合，设立"2035学科交叉研究生专项"，将学科交叉培

养作为催化剂，激发学生的创新能力（图2）。经调查，首届强基生本研转段后，有13%的学生选择了学科交叉培养。

学科交叉招生和培养

创新2035先导计划			A-E学科群	化学、物理学	基础学科拔尖人才培养
	物质结构透明计划	物质与能源领域			
	未来医学港湾计划	生命与健康领域	F-J学科群	药学、基础医学	
	天地一体与生态演化计划	生态与环境领域	K-O学科群	生物科学	
	信息软件与底层算法计划	信息与软件领域	P-T学科群	数学、工程力学、计算机科学与技术	
	文明互鉴与全球治理研究计划	文明与治理领域	U-Z学科群	哲学、经济学、中国语言文学、历史学、马克思主义理论	

⬇

基础学科交叉复合型高层次人才

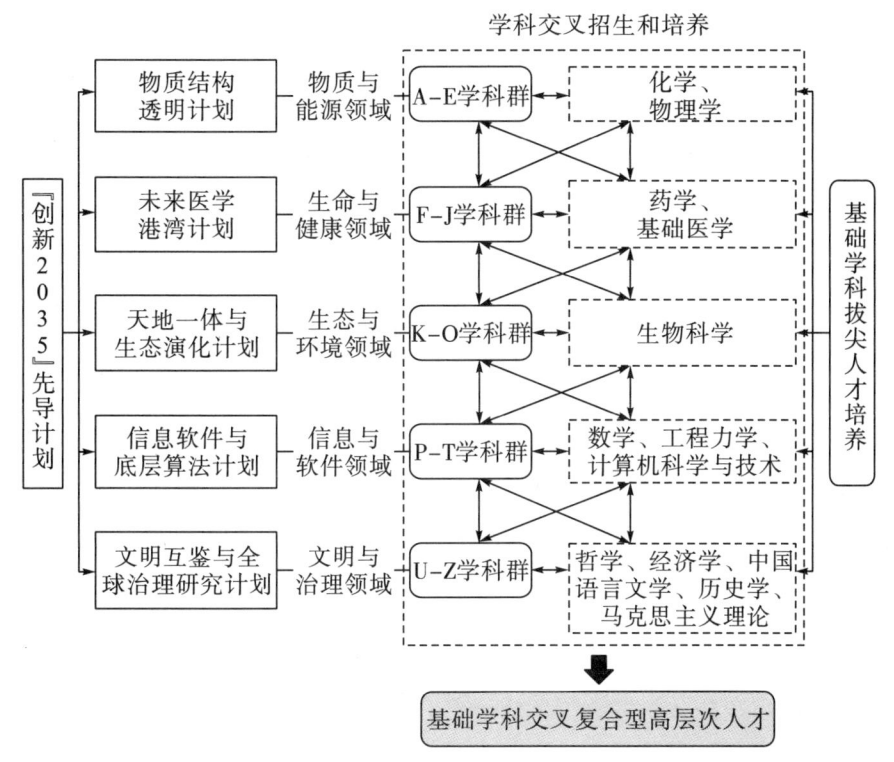

图2　四川大学基础学科交叉复合型高层次人才培养模式

（三）明确强基生参加本研转段的条件

强基生在本科学习阶段，每学年至少需要参加一次分流考核，进入本科三年级期末时，还需参加本科阶段性考核。通过本科阶段性考核符合条件者，可以提前进入研究生阶段培养。本科阶段性考核未通过者或通过考核但自愿放弃者，退出"强基计划"，转入本专业非"强基计划"本科班级管理。由此看来，强基生参加"本研衔接"的基本条件是通过本科阶段性考核。若要进行学科交叉培养，还需满足接收专业的研究生报名条件。

（四）合理制定本研转段的工作程序

试点高校可将"强基计划"本科分流考核要求和研究生招生工作要求有机结合，选择统筹本科阶段性考核和研究生入学资格考核，或者选择本科阶段性考核和研究生入学资格两阶段分别考核。两种方式各有利弊，统筹考核便于专家充分了解强基生本科阶段的现实表现，但存在即当"选手"又当"裁判"的风险；两阶段考核既能对强基生本科阶段做出公正评价，又侧重于考察其是否具有研究生培养潜质，但完全分段的考核方式对研究生入学考核提出了更高的要求，需提前对学生进行充分了解。无论选择哪种考核方式，都应由研究生培养单位负责组织才能准确把握人才选拔与研究生培养目标的一致性。

（五）严把质量关，科学制定本研转段的考核标准

本研转段的初衷是避免学生"躺平"，科学合理制定转段考核标准是为了严把质量关，提高培养质量。本研转段的考核形式应是多元综合考核，重点从强基生读研的学术志趣和思想政治表现、是否"拔尖"、是否"创新"等方面进行综合评价。从以学生为中心的角度，考评的结果将为强基生判断自己是否留在本专业继续深造等提供合理的依据。

学术志趣和思想政治考核既是关键又是难点。"强基计划"相关文件中明确说明：选拔培养有志于服务国家重大战略需求且综合素质优秀或基础学科拔尖的有志向、有兴趣、有天赋的青年学生。学术志趣决定了学习的动力，正如清华大学石中英教授所言，拔尖创新人才的成长，很少有完全靠天赋的，往往是谁最能吃苦、谁最能坐得住冷板凳、谁最能冒险、谁最能坚持，才能够最后脱颖而出。可以说，本研转段考核更是对强基生学习动机的再次甄别。如何做好学术志趣和思想政治考核则需要研究生培养单位下足功夫，多与本科培养单位、基础教育学校等进行充分沟通，不能仅凭面试的几十分钟或者查阅学生档案材料就轻易下判断。

是否"拔尖"是基础。对于所有申请学生来说，研究生入学机会是均等的。对于研究生培养单位来讲，在制定本研转段的考核标准时，要保证公平性和科学性。在同等条件下，研究生培养单位对强基生的质量要求应不低于普通计划学生。通过对比强基生与普通计划学生在本科阶段的学习成绩和各方面综合表现即可得出评价意见。

创新能力考核是核心。"创新"即开拓、创造、突破，能提出问题、反思目标与方法，甚至重塑路径与规则、做出创造性的成果（陆一等，2023）。是否有创新能力决定了是否有竞争力。对强基生创新能力的考核可从学生参与研究的经历和取得的研究成果等方面入手。最简单的是通过开放式研究课题或专家问答判断学生有无创新思维和解决实际问题的能力。

（六）建立全过程监督管理机制

目前，强基生本研转段在一定程度上使读研的竞争加剧。试点高校应注意

建立全过程的监督管理机制，保证"强基计划"本研转段工作与研究生招生同等公平与公正。在机制建设方面，学生、专家、考题"三随机"分组、增加专家组人数、去掉最高分和最低分后求平均分、面试时全程录音录像、公示成绩和核心成果、邀请纪委全程监督、畅通举报和申诉渠道等方式，都能在一定程度上提高考核结果的公信度。

参考文献：

[1] 教育部. 周济部长在 2006—2010 年教育部高等学校教学指导委员会成立大会上的讲话［EB/OL］（2006－03－30）［2024－04－25］. http：//www.moe.gov.cn/jyb_xxgk/gk_gbgg/moe_0/moe_1133/moe_1304/tnull_18418.html.

[2] 谭志雄，王佳怡，穆思颖. 拔尖创新人才培养的现实困境与路径优化——以"强基计划"为例［J］. 高等建筑教育，2024（1），17－26.

[3] 教育部网站. 教育部关于在部分高校开展基础学科招生改革试点工作的意见［EB/OL］.（2020－1－13）［2024－04－25］https：//www.gov.cn/zhengce/zhengceku/2020-01/15/content_5469328.htm.

[4] 廖爱民. 关于"强基计划"人才选拔四个问题的思考［J］教育与考室，2022（2）：5－11.

[5] 梁丹. 坚定文化自信 走好拔尖创新人才自主培养之路——访清华大学教育研究院院长石中英［N］. 中国教育报，2023－07－18（04）.

[6] 陆一，卜尚聪. 教育强国目标下优化拔尖创新人才选育机制的思考［J］. 中国基础教育，2023（10）：21－24.

培养基础学科"又红又专"拔尖人才的思考与实践

李 欢

四川大学学工部

摘 要：基础学科奠定了科技创新的基础，只有重视基础学科的建设，才能永远保持科技自主创新的蓬勃力量。做好基础学科拔尖人才的培养工作，对于国家实施创新驱动发展战略、塑造发展新动能新优势和推动实现中国式现代化均具有重要而长远的战略意义。培养基础学科拔尖人才应注重德才兼备，既要强调培养学生的自主科研创新能力，又要厚植其爱党爱国情怀，寓价值塑造于知识传授之中，通过建强师资队伍、筑牢课堂阵地、发挥以文化人作用、注重学思践悟统一、发挥典型引领作用等途径，引导基础学科拔尖人才胸怀"国之大者"，努力成长为"又红又专"的时代新人。

关键词：基础学科；"又红又专"；拔尖人才

基础学科奠定科技创新的基础，只有重视基础学科的建设，才能永远保持科技自主创新的蓬勃力量。在基础科学的规划与建设中，最重要的是做好拔尖人才的培养。党的二十大报告强调："全面提高人才自主培养质量，着力造就拔尖创新人才。"基础学科拔尖人才是推动我国科技创新的中坚力量，对于国家实施创新驱动发展战略、塑造发展新动能新优势和推动实现中国式现代化均具有重要而长远的战略意义。只有长期稳定地储备大量拔尖人才，我国才能整体提升国家创新水平，尽早成为世界主要科学中心和创新高地。

《资治通鉴·周纪》云："夫聪察强毅之谓才，正直中和之谓德。才者，德之资也；德者，才之帅也。"这句论述精辟地概括了"德"与"才"之间的逻辑关系，对于今天的人才培养工作仍具有一定启发意义。习近平总书记曾深刻指出，"培养造就大批德才兼备的高素质人才，是国家和民族长远发展大计"。在基础学科拔尖人才培养工作中，要注重强调德才兼备，既要注重培养学生自主的科研创新能力，又要厚植学生的爱党爱国情怀，寓价值塑造于知识传授，引导学生胸怀"国之大者",努力成长为"又红又专"的拔尖人才,投身强国复兴伟业。在具体教育实践中,应注重建强铸魂育人"主力军"、筑牢立德树人"主阵地"、构建以文化人"新格局"、搭建学思践悟"连心桥"、探索"又红又专"人才培养新模式。

一、锻造"经师""人师"相统一的大先生队伍,建强拔尖人才培养的"主力军"

教师是立教之本、兴教之源,是铸魂育人的"主力军",承担着引导学生全面发展、成人成才之重任。《礼记·学记》曰:"亲其师,信其道;尊其师,奉其教;敬其师,效其行。"在拔尖人才的培养工作中,应该努力锻造"经师"与"人师"相统一的大先生队伍,选择坚守三尺讲台、潜心钻研学问、努力培育英才的教师担任拔尖人才的辅导教师与学业导师,日常通过师者风范潜移默化地引导学生,帮助其深刻理解把握时代潮流和国家需要,围绕国家需求投身科研创新,以聪明才智贡献国家、服务社会。高校应围绕"如何做好拔尖人才培养工作"这一核心主题,通过定期组织开展教师培训、研讨和交流活动等方式,鼓励教师积极探索有利于基础学科拔尖人才成长发展的育人新模式,提高教师的教育教学水平,增强其创新意识和育人能力。此外,应打造涵盖"立德树人奖""教学三大奖"等奖项为核心的教师荣誉体系,建强铸魂育人"主力军",激励教师做好拔尖人才培养工作,主动下沉到学生社区,融入拔尖人才之中,了解其思想状况与实际需求,为他们提供针对性的思想引导和科研辅导。

二、思政课程与课程思政同向同行,筑牢拔尖人才培养的"主阵地"

思政课程与课程思政在基础学科拔尖创新培养中具有不可替代的重要地位。应该坚持引导拔尖人才学好"习近平新时代中国特色社会主义思想概论"等思想政治理论课,使其深入领会党的创新理论成果,不断提升政治站位,增强自身历史使命感与时代责任感。引导拔尖人才学好"人类演进与社会文明""科学进步与技术革命""中华文化(文史哲艺)"通识教育三大先导课程以及"中华民族发展史"等创新课程,领悟科技创新为人类文明发展与社会进步带来的巨大影响。同时,在拔尖人才的专业课教学中有机融入思政元素,通过讲授专业发展前景、科技创新的重点与趋向等内容,引导拔尖人才了解国家创新需求，引导其面向世界科技前沿、面向经济主战场、面向国家重大需求、面向人民生命健康进行科研攻关，提升其科研报国、科技创新的内生动力。坚持思政课程与课程思政同向同行，通过探索教学方式和学习方式的改革创新，不断促进思政课程与课程思政的协同融合，为基础学科拔尖人才的培养注入源头活水。

三、营造红色校园文化氛围，构建拔尖人才培养以文化人的"新格局"

文化是一种强大的精神力量，能够在潜移默化中影响人的思维方式和行为习惯。红色文化承载了中国共产党优良的革命传统，是党艰辛而辉煌的奋斗历史的见证，是宝贵的精神财富。高校应深挖自身红色资源，在拔尖人才的培养中注重运用红色文化的力量，营造红色校园文化氛围，使学生从红色文化和中华优秀传统文化中汲取科创报国的精神动力。在班团主题活动和校园文化活动中，引导拔尖学生学习中国共产党在革命、改革和建设各个不同时期改革创新、开拓进取的典型事迹，引导拔尖学生树立远大理想，培养学生开拓进取、勇于实践、直面挫折的品格，鼓励他们自觉将个人梦想融入党和国家事业，在服务人民和奉献社会的科创实践中寻求个体发展，做出与时代发展相适应的价值选择。例如，四川大学发扬红色传统，通过带领拔尖人才参观江姐纪念馆，引导拔尖人才创作、参演《江姐在川大》舞台剧等方式，建设以江姐精神为内核的红色文化传播矩阵，推动红色文化在校园里蔚然成风，举办"陌上花开国学月""古韵川大"等中华优秀传统文化体验活动，引导拔尖人才弘扬中华优秀传统文化，服务国家战略，助力创新驱动发展，构建起拔尖人才培养以文化人的新格局。

四、借力社会大课堂广泛开展实践育人，搭建拔尖人才培养学思践悟的"连心桥"

社会实践有助于青年学生锤炼意志品格、练就过硬本领，是提升拔尖人才"红"的本色与"专"的成色之关键举措，因此是拔尖人才培养过程中不可忽略的一环。一方面，拔尖人才通过参与红色文化、乡村振兴、基层调研、社会治理等社会实践活动，可以了解国情、社情与民情，将思政小课堂和社会大课堂深度融合，上好与现实相结合的"大思政课"，进而增强服务国家创新战略、奉献社会发展的责任感与使命感；另一方面，通过参与专业社会实践，拔尖人才可以培养自身探索精神、创新思维和实践能力，增强自身推动科技创新的本领。例如，四川大学带领拔尖人才积极参加"学习二十大 永远跟党走 奋进新征程"等红色社会实践和专业实习实训类实践活动，培养学生的家国情怀与专业本领；把服务保障成都世界大学生运动会作为开展实践育人的重要契机，择优选拔优秀学生志愿者参与开幕式表演、代表团接待、场馆竞赛保障等志愿服务工作，以此厚植拔尖学生的家国情怀，锻造其吃苦耐劳精神；带领拔尖学生赴专业相关研究院所与企业开展实践，通过参加技术前沿报告以及开展校企合作交流等形式，帮助学生了解行业科技前沿、国家战略需求，感受科技创新与时俱进的澎湃生命力，开阔拔尖学生的视野与格局，增强其服务国家的本领与能力。

五、发挥典型班级示范引领作用，形成"又红又专"的拔尖人才培养新模式

在拔尖人才试验班中选拔典型班级，进行重点培育和建设，通过树立榜样、激发潜力、交流互动、辐射引领等方式，可以从整体上提高拔尖人才培养质量，促进整个拔尖人才群体向着"又红又专"方向发展。例如，红岩英烈江姐1944—1946年在四川大学学习时就读于农学院，因生命科学学院与江姐就读的农学院具有一脉相承的联系，四川大学将生命科学学院2018级生物科学基础学科拔尖人才试验班设为学校首个江姐班。在班级建设中，重点引导学生主动投身基础研究，在科创报国中践行江姐精神，推进江姐精神时代化。全班15名同学按照拔尖人才培养要求，夯实专业基础，提高学业挑战度，积极参加科研实践，取得了优异成绩。在近年的江姐班选拔与建设中，学校鼓励拔尖计划、强基班、卓越工程师班等班级积极参与江姐班申报，将江姐班建设与各类拔尖人才培养计划全面对接、有机结合，发挥典型班级示范引领作用，形成"又红又专"的拔尖人才培养新模式。

参考文献：

[1] 习近平. 高举中国特色社会主义伟大旗帜 为全面建设社会主义现代化国家而团结奋斗——在中国共产党第二十次全国代表大会上的报告[N]. 人民日报，2022-10-26(01).

[2] 司马光. 资治通鉴（卷1）[M]. 北京：中华书局，2013.

基础学科拔尖人才全球胜任力之外语素质和国际视野的培养及思考
——以四川大学为例

张宇波　朱葵

四川大学国际合作与交流处

摘　要：本文基于四川大学国际合作与交流处基础学科拔尖人才培养工作实践，总结了提高学生外语素质、开拓学生国际视野以提高其全球胜任力的一些举措，并对上述举措进行了思考，进而提出了一些完善建议，以期为高校拔尖人才培养工作提供借鉴。

关键词：拔尖人才；高校人才培养；全球胜任力

四川大学一直积极部署、实施本校青年人才全球胜任力培养及提升计划。力求青年人才在开拓国际视野后，能够在多元文化环境中顺利学习、生活和工作。全球胜任力的六大核心要素——语言、沟通与协作、自觉与自信、道德与尊重、开放与责任、世界知识与全球议题——是重点关注和实施培养计划的领域。而基础学科拔尖人才一直是全球胜任力培养的重点目标人群。

经过一段时间的努力，该项工作在全面有序开展的同时，也积累了一定的宝贵经验。四川大学在培养全球胜任力所需的实操性技能方面采取了有效措施，通过开拓多方合作渠道，提升青年人才的外语水平并开展一系列国际交流活动开拓其全球视野并提高跨文化沟通能力。四川大学克服重重困难，坚持不懈地培养富有奉献精神、家国情怀且具备全球胜任力的优秀青年人才。

一、具体举措

（一）着力提升青年人才英语水平和第二外语水平

四川大学从 2018 年起，启动了"本科生国际语言能力提升激励计划"，2018—2020 年对 2984 名学生发放奖励金 775 万余元，激励学生为提高全球胜任力进而提高出国（境）升学率和就业竞争力奠定良好的语言基础。2021、2022 年，四川大学实施了本科生国际语言能力提升"青苗计划"，投入 70 万元帮助学生提升英语语言水平。

鉴于除英语外，法语也是世界上使用人数众多且是联合国正式批准使用的六大工作语言之一，四川大学非常重视青年人才特别是拔尖人才在法语语言技能方面的培训。2021 年 5 月，四川大学国际合作与交流处、就业指导中心和出国留学人员培训部联合举办线下第三期法语培训班并给予相应学费支持，帮助学生完成共计 236 学时的课程学习。

（二）建立全方位、多形式、高水平的国际交流体系

1. 持续开展国际课程周，增强青年人才国际化意识

四川大学在"送出去"的同时，加大"请进来"的力度。从 2012 年开始举办国际课程周（UIP）活动，每年邀请世界一流大学专家开设全英文国际课程、邀请世界一流大学学生参加"国际交流营"，打造出与世界一流大学师生知识互动、文化相融、学术交流、情感沟通的全方位交流平台，营造出浓厚的国际化校园氛围。2018、2019 年邀请外籍教师 354 名开设国际课程 400 余门，受益学生 2 万余人次，包括来自全球各地的 1300 余名留学生。2021、2022 年国际课程周改为线上举行，分别邀请外籍教师 128、120 名开设国际课程 131、126 门，受益学生每年超 2 万人次。2023 年，学校恢复线下国际课程周，共有来自 28 个国家和地区的 137 名外籍专家学者开设了 145 门高水平英文课程，参与选课学生达 10331 人；还开设了 20 余场"Nature 大师讲堂"科研学术讲座（图1），举办了 6 个国际交流营，来自 10 余个国家和地区的 53 名留学生与川大学生共同参与了国际交流营活动。这些课程和活动为川大学生特别是拔尖人才创造了国际交流的强大平台，提升了青年学生的外语水平和跨文化沟通能力。

| 新时代四川大学基础学科拔尖人才培养创新实践

图 1 国际课程周之"Nature 大师讲堂"现场

2. 通过国（境）外联合培养项目及短期出国（境）交流项目等拓宽学生国际视野

四川大学与美、英、加、俄、法、德、日、韩等 33 个国家或地区的 200 余所国（境）外著名大学签订了校际交流协议，开展本科生联合培养项目。2020 年以来，四川大学开始积极拓展与国（境）外大学联合培养的线上项目，每年 400 余人参加线上线下联合培养项目。2023 年，开展联培项目 30 余个，派出项目学生 200 余人次。与美国加州大学河滨分校、西班牙马德里康普斯顿大学、德国吉森大学、新加坡国立大学等名校新签署了"4＋X""3+1+X"等校级联合培养协议，为青年学生出国（境）长期深造进而进一步提升全球胜任力提供了可靠的平台。

同时，四川大学不断拓宽学生短期出国（境）交流路径。2018 年起，学校启动了"大川视界"大学生海外访学计划和"大学生全球实习实训基地"建设，2018、2019 年每年派出参加国（境）外交流、实习的学生近 3000 人次。有针对性地开展旨在提升全球胜任力的国际组织人才培养学习项目，如"美国乔治华盛顿大学国际组织人才培养学习项目""加拿大麦吉尔大学国际组织人才培养学习项目""英国剑桥大学国际组织人才培养线上学习项目""英国剑桥大学国际组织人才暑期线下课程项目"等，让学生在海外名校进行专题学习和研讨从而把握国际组织的概念与理论基础，熟悉"全球安全治理"等内容，切实提高自身全球胜任力。2023 年全面恢复线下"大川视界"短期访学，共有校院两级项目 54 项，近 1000 名学生赴剑桥大学、牛津大学、哥伦比亚大学等世界顶级名校进行暑期项目学习和交流（图 2、图 3），不仅精进了英语水平，而且体验了多元文化学习氛围，增强了用非母语学习的自信，收获颇丰。同时，四川大学还组织青年学生参加各种国际会议、国际学科竞赛等提升学生的国际学术科研能力和国际交往能力。其中，每年召开国际学术会议 40 余场，如 2018 年召开了"中国和印度：现状与未来发展"研讨会、2022 年召开了

"数据驱动的复杂系统优化国际会议"等，大大拓展了学生专业知识范畴和国际科研视野。

图2 "大川视界"牛津大学项目　　图3 "大川视界"剑桥大学项目

3. 鼓励学生关注重大国际事务并积极赴国际组织实习任职

四川大学模拟联合国团队每年都会精心选择联合国所关注和处理的重大国际事务作为会议主题，力图增进各校参会学生对联合国事务的了解，培养学生对国家大事及国际大事的关注，提高学生的社会责任感和全球胜任力。2018年以来，会议主题涉及冲突地区的遗产保护问题、人工智能影响下的就业问题、基因工程与医学伦理等。四川大学积极宣传、选送优秀学生赴国际组织交流、实践、实习，从新生入校便开始加大教育宣传力度，编印《四川大学国际组织实习任职宣传册》，将国际组织实习任职作为生涯教育和就业引导的一个重要方向。2018年以来，先后选送近20名学生赴联合国环境规划署、联合国人事管理部行政法组、联合国粮食及农业组织、联合国工业发展组织投资和技术促进办公室西部区域协同中心等国际组织实习。共有3名学生到联合国儿童基金会等国际组织任职。2020年7月，四川大学获批教育部"国际组织人才培养创新实践项目"，成为首批基地建设示范高校之一。

（三）积极探索，拓展与国际组织合作渠道

四川大学一直运用学科、专家、校友等资源积极探索建立与各类国际组织在华办事处的沟通机制和合作关系，旨在拓展青年人才尤其是拔尖人才赴国际组织实习任职的渠道，帮助他们从实际工作环境和工作经历出发，进一步历练和提升全球胜任力。2021年10月和2023年9月，四川大学两次派人员参访联合国接待联合国工业发展组织网络创新项目上海全球科技创新中心，与上海区负责人进行沟通，探讨合作前景与模式；2021年10月，派人员参访全球中央对手方协会，了解该国际组织的业务范围、运作方式与实习生需求，并与该组织芬兰总部负责人举行视频会议，商谈进一步建立输送机制的可能性。2021 年 4 月，联合国工业发展组织投资和技术促进办公室西部区域协同中心专员到访四川大学国际关系学院，探寻了在共建学生教学实践基地、国际组织人才技能培训、智库研究建设等方面的合作可能。

（四）开展实训和实践活动

近年来，四川大学积极组织各种线上线下培训课程和活动，如 2021 年的全球治理线上课程培训、线上"第二届联合国机构宣讲咨询活动（2nd UN Job Fair）"，2022 年的国际组织概况及求职线上培训讲座、"国际组织青年人才培训营"线上项目培训，2023 年的"国际组织青年人才培训营"线上和上海、扬州线下项目培训，等等。组织学生参加了模拟联合国招聘面试。此外，在国家留学基金委于 2022 年 4 月举办的"第三届联合国机构宣讲咨询活动（3rd UN Job Fair）"之国际移民组织（International Organization for Migration，IOM）分会场活动中，四川大学作为 5 所参与高校之一，共有来自国际关系学院、外国语学院、华西临床医学院等 17 个学院的本、硕、博学生 182 人和教师 10 人在线下 20 个分会场聆听了线上专家的指导和经验分享，并有两位同学现场提问，与专家互动。

二、相关思考和建议

目前以培养青年人才尤其是拔尖人才的全球胜任力为目的的相关专业课程以教授基础知识（包括概念、历史、组织的类型/作用/财政/权利与义务等）为主，为学生构建有关知识体系框架。近年来，受不断变化的国际国内形势影响，该类课程在培养学生实践技能方面受到较大限制，导致学生对全球胜任力的认知仍然比较模糊，容易与现实脱节。笔者总结了如下建议。

（1）该类课程任课教师的选拔和聘请应不局限于学历、研究成果和教学经历，应以实际工作经验为导向，可考虑由通过社会招收途径进入国际组织工作、具有丰富国际组织专业工作经验的资深人士担任，分享实际工作和跨文化交际经验，切实提升学生对全球胜任力的感知能力。

（2）授课形式突破传统束缚，充分利用线上线下、翻转课堂的优势。设计教学模拟实验等，让学生亲身感受国际环境下的工作模式和工作文化。

（3）建立兄弟院校间的校际良好联动机制，使得各高校开展的线上线下的全球胜任力等系列课程、论坛和专项活动全面化和体系化，优势互补，经验互鉴。

参考文献：

[1] 李晓述，王玉珏，高校全球胜任力培养措施及途径[J]. 神州学人，2022（10）：30－35.

[2] 刘炽杉，董变林. 高校学生全球胜任力现状及培养建议[J]. 教育观察，2023（17）：54－57.

拔尖创新能力评价指标的创新构建

——《大学生创新项目成熟度量表》的研制与应用*

吴 迪

四川大学创新创业学院，四川大学创新创业教育实践基地，
四川大学化学学院

摘 要：四川大学创新创业学院自主研发了《大学生创新项目成熟度量表》，并应用于四川大学大学生创新训练计划中。对《大学生创新项目成熟度量表》的数据分析证明该量表不仅具有较高的信度和效度，还展现出良好的延展性。《大学生创新项目成熟度量表》作为教育工具，可广泛应用于创新大赛，其在创新实践教育方面或许还有更广阔的应用空间。

关键词：大学生创新训练计划；数据分析；创新创业

一、引言

双创教育持续繁荣。2018年以来，在《国务院关于推动创新创业高质量发展打造"双创"升级版的意见》《国务院办公厅关于进一步支持大学生创新创业的指导意见》等连续利好政策指引下，全国创新创业教育氛围越来越浓厚，26家高校类国家双创示范基地相继建成。2022年，197所高校入选国家级创新创业学院和国家级创新创业教育实践基地建设单位，2023年双创教育标志性的活动"中国国际大学生创新大赛"（原中国国际"互联网+"大学生创新创业大赛）参

---

* 本文系第二批四川省产教融合示范项目"四川省先进建筑材料产教融合创新示范平台"、中国高等教育学会2022年度高等教育科学研究规划课题项目"大学生创新创业项目成熟度评价量表研制与实践"（项目编号：22CX0413）、四川大学高等教育教学改革工程（第十期）研究项目"数字化评价指标'双创就业能力指数'研制与应用"（项目编号：SCU10059）的研究成果。

赛覆盖面达 5296 所院校 1709 万余人，人数同比增加 17.9%，彰显了我国自上而下深入实施创新驱动发展战略的有效性。

在全球化与创新驱动的时代背景下，党中央、国务院高瞻远瞩，提出了"新质生产力"的战略构想。重点高等院校成为培养拔尖创新人才 2.0 的重要基地，创新实践能力的培养成为高等教育改革的核心议题。国内外众多学者和教育机构对此进行了深入研究与实践探索。国家高度重视，从《国务院关于深化高等学校创新创业教育改革的实施意见》到《教育部等六部门关于实施基础学科拔尖学生培养计划 2.0 的意见》（以下简称"拔尖计划 2.0"），一系列政策文件的出台，明确了拔尖创新人才在构建现代化经济体系中的战略地位，并推动了高校人才培养深化改革。

然而，尽管高校在人才培养计划、创新创业课程、教学方法及实践训练活动方面取得了显著进展，但对标"拔尖计划 2.0"对创新能力培养的要求，在大学生创新实践能力评价方面，仍存在明显短板。2007 年启动的全国大学生创新创业训练计划（以下简称大创），在教育部推进下，每年全国立项 24 万余项、投资超 13 亿元，但从"双创"项目完成质量中折射出的创新实践能力发展却未被合理纳入课程教学与考评，"重立项轻建设"局面仍普遍存在，人才培养效果不够明显。

出现上述现象的一大原因是有关能力的评价指标不够合理。在人工智能等新技术飞速发展的今天，如何准确、即时、有效、数字化地评估学生的创新实践能力成为一个亟待解决的问题。传统的能力评价往往依赖于主观评判或终结性的测试，不仅难以全面反映学生能力，而且缺乏过程性、即时性，难以实现教学活动中及时教学效果反馈的功能。为了克服这些局限性，我们迫切需要引入一种更加客观、定量、即时的能力评价方案。这样的方案将能够帮助教育者及时了解学生的学习进展，为他们提供更有针对性的指导，进而提升教育教学的质量和效果。本文正是基于这样的背景与需求，旨在构建一种能够在教学活动过程中评价学生能力的元评价指标，以期完善构建符合现代教育理念的创新能力评价体系。

二、创新实践能力评价指标研制的挑战与难点

（一）现有能力理论有待突破

现有能力理论主要包括能力成分论和能力过程论。其中，能力成分论认为某岗位或任务所需的能力可以分解，如大卫·麦克利兰（David McClelland）

的胜任力模型认为，能力可分解为领导能力、决策能力、人际沟通能力等。这些模型将人类对能力的理解大大推进了一步，但是面对现代任务的多样性、动态性、协同性，能力成分论面临静态视角、分解困难、整合困难等问题。从能力成分论视角看创新创业实践教育，主张将创新实践所需的能力分解为一系列核心要素，包括创新思维与创意能力、科学技术能力、商业知识与市场洞察力、团队合作能力、演讲与沟通能力等。这些要素共同拼接成了评价学生在创新项目和比赛中表现的维度。其中任意一种能力要素强，并不能必然表明项目优秀，也并不能表明学生创新综合能力高于他人。

与能力成分论不同，能力过程论强调能力只能在任务执行过程中体现，不能脱离任务及其环节而表现、评估与提升。基于能力过程论的能力评价方案，与基于能力成分论的能力评价方案具有截然相反的特征，即动态视角、强调交互、整合优势。从能力过程论视角看创新创业教育，就是在创新创业项目的"需求洞察环节"评估"需求洞察能力"、在"解决复杂问题"环节评估"解决复杂问题"等。这些基于任务及其环节的能力无法被简单拆分。这是由现代任务的复杂性决定的，在不同任务中的同一环节所需能力或不完全相同。比如在"需求识别环节"，所需的"需求识别能力"千差万别，识别个人需求需要问卷设计能力、数理统计能力加持，识别企业需求则可能需要下沉到产业链，开展深度调研。

总之，由于现代任务多维、动态、协同等复杂性特征，能力成分论由于其静态视角、分解困难和整合困难等诸多局限性，已经难以指导能力提升。相比之下，能力过程论从动态、交互和系统的角度看待能力，更符合现代任务的要求和特征。一种基于过程的能力评价方案必将优于原有能力评价方案。

（二）实践教学目标亟待重构

创新型、项目制实践教学目标构建难。与"照方抓药""走马观花"等验证型实践教育紧密依赖流程的标准化评价机制不同，创新性、项目制实践教学的评价机制尚未科学化。教学场景因创新项目所在学科、行业背景不同而产生巨大差异；学生基础不一、对项目目标的理解不足；教师没完整经历过项目（否则就不算创新项目），对推进项目所需能力的预期不准确、对产业问题解决的深度预期不准确等。教学场景不统一，使流程化、标准化的操作难以实现，因而导致教学目标难以设定。教学目标的不明确不统一，使得传统评价只能脱离客观事实，依赖评委教师打分、学生自评互评。中华人民共和国成立之初，徐特立先生在《科学化民族化大众化的文化教育》一文中就指出，"真正的科学能够提高人民的自觉，非科学的东西就会加重人民的迷惘"。大学生参与大创,不理解如何能得高分而不得已"卷字数",徐先生早在70多年前就预测了今天学生迷茫的根源。这种主观的评价机制导致学生参与动力不强,师生互动呈现"师徒制、作坊式"特点,企业对教育投入不够等,进而影响了项目的推进效果,限制了创新项目作为教育场景对创新实践能力提升的作用。

(三)创新教育评价方案亟待修正

现行创新教育评价方案尚存在不足。现行方案多以学校为评价对象,关注师资、经费、课程、面积等"投入性指标",有关"成果性指标",除了竞赛获奖、融资上市、福布斯上榜等"塔尖教育成果",教师教学质量等过程性指标、学生能力发展等阶段性成果指标被忽略。创新教育评价方案因此遭遇"成效尴尬":基于这套评价方案,既不能解释投入与产出的定性定量关系,又不能解释为什么"塔尖教育成果"那么少,更无法作为事实依据来加大投入以推进教育成果的涌现。

无论从联合国"教育公平"的价值观出发,还是从国内盛行的"人人的'双创'教育"理念看,现行创新教育评价方案都亟待修正,"教育成果"应当得到更加全面的观察,统计焦点应当从"塔尖教育成果"拉远到教育过程中的"全体进展"。但是,如何衡量每一个学生、每一个教学班级、每一个学生群体(专业、学院、社团、项目团队等)、每一项教改措施、每一个学校的"全体进展",成为教育界的难题。全面的、基于客观事实的、及时过程性的、定量半定量的创新教育评价指标亟待建立和论证。

三、《大学生创新项目成熟度量表》的研制与应用

基于对相关教材和理论的广泛调研,四川大学创新创业学院综合考量多元的专家意见,融合了科技与产业界的管理工具的设计理念,以科教融合理念引领内容通识性、以产教融合理念搭建可操作流程,以客观性、标准化理念制订评价依据,自主构建了《大学生创新项目成熟度量表》(下称《量表》)(表1)。

表1 《大学生创新项目成熟度量表》

创新项目成熟度等级	创新能力点	能力点分项	考核标准
9	标志成果	论文获发表、专利获授权、作品获奖	发表证明、授权证明、获奖证明等

续表

创新项目成熟度等级	创新能力点	能力点分项	考核标准
8	成果投送	完成论文、专利或参赛作品	论文、专利或参赛作品的完成稿、提交证明
7	成果初稿	初步完成论文、专利或参赛作品	论文、专利或参赛作品的核心内容（即论文的全文）
6	分析结果	掌握数据处理必要方法、学会数据处理软件	软件生成的数据图表、数据分析与讨论（即论文的讨论部分）
5	拿点数据	学会科学采集数据、理解数据意义	至少3组能说明问题的数据、表格，以及采集数据的说明（即论文的SI部分）
4	学会方法	在试用中学会研究所需研究方法	使用必要研究方法记录一批数据
3	资源筹备	了解研究所需工具、方法、仪器、原料、耗材、平台等	工具方法使用权限证明，如原料发票、仪器设备被允许使用的管理者签字等
2	立项申报	找准拟解决的问题，写出研究内容、创新点及其他	立项申报书
1	提出问题	提出想法、完成文献查阅与评述	文献综述（即申报书和论文的前言部分）

为验证《量表》的可操作性和评价的有效性，我们在四川大学大创项目专题中应用了5年。

为了验证信效度，我们将《量表》与传统的教师人工评审方式进行了对比与结合。通过将学生依据《量表》自评结果作为教师评价的参考依据之一，我们发现，《量表》能为教师提供更加客观、全面的评价依据，从而得出更加准确公平的评价结果，弥补了传统评审方式中主观性较强的不足。通过对比教师的主观打分和学生自评成熟度之间的关系，我们发现二者存在高度线性关系。

我们对2022—2023年1710个大创项目结题时的学生自体情况进行了汇总，并将学生自评的项目成熟度等级和5130份教师主观评分均值之间的相关性进行了分析（图1、表2）。可见，相关性（r）为0.985，置信度（p value）小于0.01，教师主观评分的均值随着项目成熟度等级的上升而上升。

表2显示，2022—2023年成熟度9级的427个项目的均分是87.61分，比成熟度4级的24项的均分78.01分高了9.60分。中低成熟度（4—5级）的125个项目中，85分及以上项目占比21.77%，而高成熟度（8—9级）的835

个项目中，85 分及以上项目占比 65.30%，相比中低成熟度的项目高了两倍多。这说明虽然个体项目得分还受选题、论证过程、表达水平、分组、学科、学术见解、学生意识、态度和能力等其他因素影响，但总体而言，学生努力提升项目成熟度，能显著提高项目得高分的概率。

据此我们可以推测：(1) 虽未被明确要求按项目成熟度打分，但大部分教师在开展评审时已参考了学生自评成熟度等级。这说明教师群体虽未言明，但实际上颇为重视项目进展，并默默地将《量表》显示的成熟度等级作为能力评判依据；(2) 该相关性逐年提升，说明《量表》的成熟度等级自评数据对教师主观评分的影响越来越大。

综上，图 1 和表 2 的数据支撑了《量表》作为基于过程的、客观的、及时的评价工具，与主观评价的一致性，初步验证了《量表》在大创中评价创新能力的可信度。

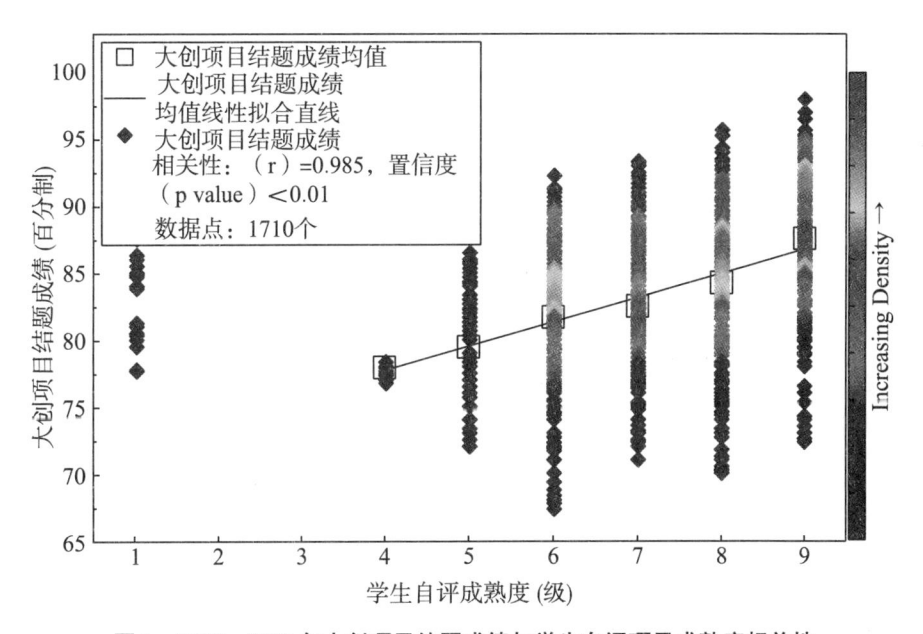

图 1 2022—2023 年大创项目结题成绩与学生自评项目成熟度相关性

表 2 2022—2023 年各级成熟度项目个数和主观评分统计表

年份	成熟度4级项目主观评分均分（项目数/个）	成熟度5级项目主观评分均分（项目数/个）	成熟度6级项目主观评分均分（项目数/个）	成熟度7级项目主观评分均分（项目数/个）	成熟度8级项目主观评分均分（项目数/个）	成熟度9级项目主观评分均分（项目数/个）	相关性 r
2022	80.07 (11)	80.15 (32)	82.24 (151)	83.80 (134)	84.60 (198)	88.39 (172)	0.946

续表

年份	成熟度4级项目主观评分均分（项目数/个）	成熟度5级项目主观评分均分（项目数/个）	成熟度6级项目主观评分均分（项目数/个）	成熟度7级项目主观评分均分（项目数/个）	成熟度8级项目主观评分均分（项目数/个）	成熟度9级项目主观评分均分（项目数/个）	相关性r
2023	76.26(13)	79.26(69)	81.41(209)	81.76(204)	84.02(210)	87.08(255)	0.982
合计	78.01(24)	79.54(101)	81.76(360)	82.57(338)	84.30(408)	87.61(427)	—

《量表》的教育效能通过数据获得了验证，主要体现在以下两方面：

一是推进了大创项目质量整体提升。2020年引入《量表》后，我们连续四年跟踪大创数据，发现大创项目质量呈现出稳步增长的趋势。如表3和图2所示，从2019年至2023年，全校校级"大创"项目成熟度等级均值从4.0逐年增长至7.0。这一数据表明，应用基于《量表》的对项目质量的客观、定量评估方案，使面广量大的大学生创新型、项目制实践教学的整体质量得到了显著提升。

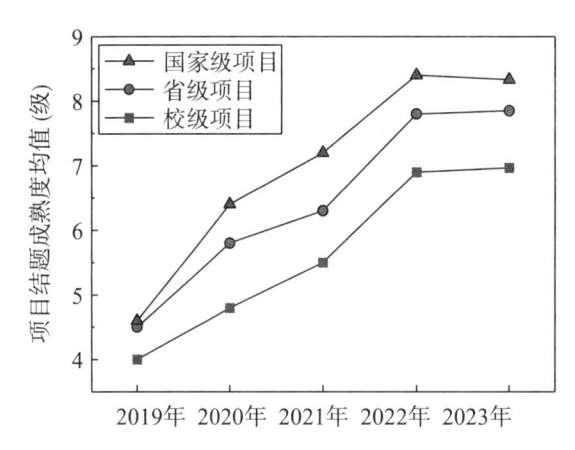

图2 大创项目质量提升折线图

表3 大创项目质量提升表

年份	校级项目	省级项目	国家级项目
2023年	7.0	7.9	8.3
2022年	6.9	7.8	8.4
2021年	5.5	6.3	7.2
2020年	4.8	5.8	6.4
2019年	4.0	4.5	4.6

二是使优秀更加拔尖。引入《量表》后，我们发现校级、省级和国家级大创项目之间的成熟度差距逐年拉开。根据表3，2019年校、省、国三级项目成熟度均值之间相差0.6级；到了2022年，这一差距扩大至1.5级，在2023年为1.3级。这表明客观定量的项目成熟度评估使得项目之间的质量差异得到了区分，体现了不同级别大创项目的差异性。这种基于客观事实的评估机制让更加拔尖的学生的创新实践能力进步获得更多认可，同时也激励了项目不断提升成熟度，使得作为教育场景的创新项目能够更好地发挥拔尖创新实践能力的培养效果。

四、结论

诚然，以《量表》为工具评估项目进展并据此推断学生能力发展，存在其固有的局限性。例如，项目在不同阶段所呈现的教育场景对能力的要求具有差异性、片面性及团队性，这使全面提升各项能力变得困难，同时也难以剔除教师与团队等外部因素的影响，进而无法将能力精确归因于学生个体。

然而，基于项目成熟度进展的能力评估在应对现代任务对个体能力需求方面，却展现出了独特的契合性。能力发展的片面性恰好适应了多样性现实任务对能力的片面要求，而个人能力的偏向性也恰好满足了团队协作对成员多元化、差异化能力的需求。

尽管该评估方法的量化手段比较粗糙，且与其他评价指标一样，难以避免因单纯追求指标所带来的实践偏差。但不可否认的是，它作为一个全面、客观、关注阶段性成果的评估指标，为教育者提供了一个观察团队或改革措施有效性的窗口，因而具有深入研究和在教育实践中推广的价值。

综上所述，《量表》作为一种新型的评价工具，以其独特的多维、动态、协同评价模式，突破了传统能力评价理论的束缚。《量表》不仅为创新实践教育领域注入了一股新的活力，更在创造性、项目制实践教学场景中构建了流程化、标准化的执行与评价框架。通过客观化、定量化的评估方法，教育者得以在学生推进具体挑战性项目的过程中，精确洞察其学习动态，进而提供针对性的教育指导，有效促进学生创新实践能力的深度发展。这一评价指标，不仅有力补充了现有教育评价体系，更推动了实践教育从"验证型"向"创造型"的范式转变，彰显了高等教育的内在力量。因此，《量表》不仅优化了教育实践的质量，也成为推动教育不断向更高层次发展的重要驱动力。

参考文献：

[1] 教育部高等教育司关于公布2022年国家级大学生创新创业训练计划项目结题验收结果的通知（高教司函〔2022〕11号）[EB/OL]. [2022-11-14] (2023-04-25). http://www.moe.gov.cn/S78/A08/tongzhi/202211/t20221116_993539.html.

[2] 周作宇. 元评价问题：评价的循环与价值原点 [J]. 大学与学科, 2020 (1)：47-57.

[3] MCCLELLAND D C. Testing for competence rather than for intelligence [J]. American Psychologist, 1973 (1)：1-14.

[4] 李海. 胜任力模型研究综述 [J]. 国网技术学院学报, 2020 (4)：27-32, 45.

[5] 肖晨. 基于胜任力模型的员工培训——以研发企业为例 [J]. 科技创业月刊, 2016 (1)：74-75, 78.

[6] KOTTER J P. What Leaders Really Do [J]. Harvard Business Review, 1990 (3)：63-78.

[7] MARQUARDT M J. The Future of Leadership Development：Insights and Issues for a New Era [J]. Jossey-Bass Press, 2010.

[8] 黄兆信. 师生共创：教师认知差异与行动取向的实证研究 [J]. 南京师大报（社会科学版）, 2020 (3)：27-38.

[9] 阮平章. 试论反思性教学是教师专业发展的重要途径 [J]. 教育探索, 2004 (10)：120-121.

[10] 张玉利. 创业管理（第5版）[M]. 北京：机械工业出版社, 2020.

[11] 雷家骕. 创业管理：理论与实务 [M]. 北京：清华大学出版社, 2015.

[12] 赵北平. 大学生涯规划与职业发展 [M]. 武汉：武汉大学出版社, 2006.

[13] 徐小洲. 大学生创业技能发展战略研究 [M]. 杭州：浙江大学出版社, 2014.

[14] 黄兆信. 岗位创业教育论 [M]. 北京：中国社会科学出版社, 2020.

[15] 刘志阳, 林嵩, 路江涌. 创业基础 [M]. 北京：机械工业出版社, 2021.

[16] 李开复. 创新的未来 [M]. 浙江：浙江人民出版社, 2018.

[17] 雷军, 小米团队. 一往无前 [M]. 北京：中信出版社, 2020.

[18] 张瑞敏. 海尔转型：人人都是CEO [M]. 北京：中信出版社, 2014.

[19] 周鸿祎. 颠覆者：周鸿祎自传 [M]. 北京：北京联合出版公司, 2017.

[20] 陈倩, 张朔, 许可. 财政金融支持绿色低碳技术创新研究——基于技术成熟度视角 [J]. 西南金融, 2024 (1)：29-42.

[21] 李津津, 叶佩青. 新工科背景下贯通式项目制研究型综合实践教学模式探讨 [J]. 中国大学教学, 2020 (10)：58-61.

[22] 张瑾, 陈林秀, 白海峰. 以工程教育理念为引领的跨专业教学探索与实践 [J]. 实验室研究与探索, 2019 (9)：174-177, 181.

[23] 陈烈, 刘吕高. 创新创业教育实践路径新探——如何培养基于项目制的塔式创新团队群 [J]. 吉林省教育学院学报（中旬）, 2012 (4)：72-73.

[24] 袁渊. 项目制课程下设计类学生创新创业生态链的初探［J］. 教育教学论坛，2018（32）：46－47.

[25] 赵国靖，龙泽海，黄兆信. 专创融合对高校创新创业教育绩效的影响研究——基于12596份教师样本的实证分析［J］. 浙江社会科学，2022（7）：142－151，161.

[26] 黄兆信，黄扬杰. 创新创业教育质量评价探新——来自全国1231所高等学校的实证研究［J］. 教育研究，2019（7）：91－101.

基于 OBE 理念的基础学科拔尖学生评价机制的探索与实践
——以四川大学为例

孙克金

四川大学教务处

摘 要：随着高等教育改革的不断深入，对高等学校基础学科拔尖学生的培养与评价已成为教育领域的重要任务，培养拔尖学生不仅关系到学校的声誉，更是国家长远发展的基石。四川大学作为一所综合性高水平研究型大学，积极引入 OBE 理念，在基础学科拔尖学生评价机制的探索与实践方面取得了一定的成效，有助于推动学校高质量内涵式发展，逐步提高拔尖人才培养质量，并为高等学校构建更加科学、系统、有效的拔尖学生评价机制提供理论参考和实践指导。

关键词：OBE 理念；基础学科；拔尖学生；评价机制

在当前高等教育快速发展的背景下，基础学科扮演着举足轻重的角色，是培养创新型人才的重要基地。对于基础学科拔尖学生的评价，不仅关系到学生个人的发展，也直接影响着高等教育的质量和效果。因此，建立一套科学、全面、有效的评价机制，对于优化教育资源配置、促进高等教育内涵式发展、提高人才培养质量具有重要意义。

成果导向教育（Outcome-Based Education，简称 OBE）理念强调学生的学习成果和最终能力，为构建科学、有效的评价机制提供了新的视角。通过对拔尖学生的持续跟踪和评价，可以更准确地掌握每个学生的特点、优势和不足，为个性化教育提供数据支持。科学的评价机制可以确保每个学生都有公平的机会展示自己的才能，促进教育公平；还可以及时发现教育过程中的问题，为改进教学方法和策略提供依据，为国家培养更多高素质拔尖人才。

一、拔尖学生评价机制的建设现状

党的二十大报告将教育、科技、人才进行一体化部署，提出实施科教兴国战略，强化现代化建设人才支撑，"全面提高人才自主培养质量，着力造就拔尖创新人才"。这对高校自主培养拔尖创新人才提出了新的迫切要求。我国高校在拔尖创新人才培养方面已进行了十余年的探索试验，在拔尖学生评价方面已积累了一定的经验。许多高等学校已经建立了拔尖学生评价机制，包括设立奖学金、提供科研机会、配备优秀导师等，激发拔尖学生的学习积极性和创新精神，促进他们的全面发展。但在实践中，拔尖学生的评价机制却未能达到预期效果。现有拔尖学生评价机制仍存在一些问题，如评价标准单一，过于注重学业成绩和科研成果，忽视了学生的全面发展；跟踪不够深入，缺乏对学生内心世界和成长过程的关注；评价结果反馈不及时，无法有效指导学生的成长和发展等。

二、四川大学基础学科拔尖学生评价机制构建思路

四川大学积极引入 OBE 理念，将其贯穿于整个评价机制的构建与实践过程中。在基础学科拔尖学生的培养与评价中，贯彻"学生中心、产出导向、持续改进"的理念，全面落实基于产出的人才培养评价机制。

1. 明确学习成果与培养目标

这些目标不仅涵盖了学生对基础学科知识的掌握程度，还包括他们的创新思维、科研能力、团队协作能力等综合素质的提升。通过明确这些目标，学校能够更有针对性地制定评价标准和方法，确保评价机制的科学性和有效性。

2. 以学生为中心的评价设计

四川大学始终坚持以学生为中心的原则，充分考虑学生的个体差异和成长需求。培养基础学科拔尖学生的任务不是以教师为中心，为学生传授知识，而是以学生为中心，使学生成为学习的主体。学生学习的过程不是简单的知识积累过程，而是学习能力提升的过程。在这个过程中，注重培养学生的自主探索精神，让学生学会学习、学会思考、学会探究。教师的职责在于要善于引导学生自我探索，激发学生的创造性。同时，四川大学还注重评价的公平性和公正性，确保每个学生都能在评价中得到公正对待。

3. 持续改进的评价过程

基于 OBE 理念的评价机制强调持续改进，这种持续改进的评价过程有助

于不断优化评价机制，提高评价的准确性和有效性。通过拔尖创新人才培养工作的成效评估和产出考核，总结成功的经验和失误的教训，明确培养工作改进的方向和提升的思路。

三、基础学科拔尖学生多元评价机制的构建指标

为全面评价基础学科拔尖学生的能力和成果，提高人才自主培养质量，高校应观照成绩、思维、协作、实践、成果等多种评价指标，全面反映学生的综合素质。同时，根据不同学科的特点和需求，制定个性化评价标准和方法，鼓励学生发挥特长和潜力，提高综合素质和能力。

1. 学业成绩评价

高校首先应该将学业成绩作为评价指标之一，包括基础课程、专业课程的学习成绩等。学业成绩可以反映出学生的学习能力和专业知识掌握程度。

2. 创造性思维评价

创造性思维是评价拔尖创新人才的重要指标。评价高校学生的创造性思维需要考虑以下几个方面：学生能否提出新颖、独特、具有个性和想象力的创意，能否提出与众不同的解决问题的方案；学生是否具有丰富的想象力，能否在创造性的作品中表现出对事物的敏感和独特的感受力；学生是否具有独立思考能力，能否在解决问题的过程中展现出独创性和判断力；学生是否具有批判性思维，能否在解决问题时对问题进行深入分析、比较、评价和推理；学生能否在前人研究的基础上有所突破，表现出创新性和前瞻性等。

3. 团队协作评价

这里的团队包括课题组、实验室、学生社团等。参与这些团队的活动既可以反映出学生的团队协作能力和领导能力，也可以为学生的未来发展提供团队合作的经验。

4. 项目实践评价

持续完善项目实践评价体系，有助于对学生的项目实践情况进行量化评价。这包括参与科研项目、创新创业项目、社会实践项目、各种竞赛、公共志愿服务等的情况。这些实践项目既可以反映出学生的创新能力、竞争力、实践能力和解决问题的能力，也可以为学生的未来发展提供实践经验的支持。

5. 学术成果评价

高校应鼓励学生产出多种形式的学术成果，包括代表作品、申请专利、参与学术研究、专著、译著、研究报告等。不仅要关注成果数量，更要关注成果的质量、影响力、创新性等。积极探索长周期评价、国际同行评价等模式，构

建适合人才培养特点的成果评价方案。同时，应避免在评价体系中过分强调论文、奖项和项目，这可能无意中扼杀了学生的探索兴趣；还应鼓励和奖励学生基于好奇心驱动的学习和科研活动参与，并适当地将这些活动的成果纳入学生的综合考核中。

四、四川大学基础学科拔尖学生评价机制的具体实践

通过多年的探索与实践，四川大学构建了较为完善的基础学科拔尖学生评价机制。多维度评价体系和多样化评价方法的运用，使得学生能够更加全面地展示自己的能力和成果。同时，过程性评价与反馈的强化也激发了学生的自主学习和持续改进的动力，提升了他们的综合能力和素质。

1. 加强个性化跟踪

四川大学通过定期的访谈、问卷调查等方式，深入了解学生的个性特点、兴趣爱好、职业规划等，为个性化教育提供数据支持。根据学生的特点和兴趣，制订个性化的培养方案，定期对学生的成长情况进行跟踪和评估，以便及时调整培养方案。同时，还关注学生的心理健康和成长过程，及时发现和解决学生面临的问题和困难。

2. 强化过程性评价

过程性评价是 OBE 理念中的重要组成部分，四川大学在评价机制中特别强调过程性评价的重要性：通过定期的课程考核、中期检查等方式，及时了解学生的学习进展和存在的问题，并为学生提供有针对性的反馈和指导；除了传统考试，还引入了课程设计、科研报告、团队项目等评价方式。这种过程性评价与反馈的方式有助于激发学生的学习兴趣和动力，促进他们的自主学习和持续改进。四川大学将评价结果及时反馈给学生和导师，以便学生了解自己的优势和不足，明确努力方向，促进教学相长。

3. 强化激励措施

四川大学加强校、院两级管理，对学院进行宏观管理，让学院负责开展对学生的具体日常管理。学院从学生的学习、科研和制度保障三个方面建立了更为完善的人才激励体制。为学生提供更为便利的学习平台；深化国际合作办学，为学生提供更多的赴国外学习机会。设立科研项目基金，建立学生创新实践中心，资助和鼓励学生自主进行学术研究；要求教师吸引学生进入自己的科研课题，指导学生进行科学研究；对特别优秀的学生，直接邀请其参加国家重点学科、重点实验室、重大科研项目，在教师的指导下进行科研训练。实行高比例奖学金制度、保送研究生优惠政策，实行滚动淘汰机制，保证人才培养质量。

4. 加强国际合作与交流

一方面,四川大学通过"请进来"的方式邀请或聘请外籍杰出教授担任基础学科拔尖学生的指导教师、为学生开课;连续十多年举办国际课程周,开设多种形式的国际交流营活动,拓宽学生的国际视野。另一方面,积极"走出去",资助、鼓励学生赴海外一流大学开展交流学习,让学生在与世界一流学术队伍的交流中茁壮成长。

五、四川大学基础学科拔尖学生评价机制的实践成效

通过引入 OBE 理念并构建基于该理念的评价机制,四川大学自主研发了"360°智能多维学生评价系统",针对基础学科拔尖学生培养实际,不断完善评价指标体系,多次修订拔尖学生培养举措、学习成长过程、培养成效等多板块测评内容。对拔尖学生培养成效进行有效测评,为教学管理提供高质量反馈,在基础学科拔尖学生培养方面取得了显著成效。培养了一大批在基础学科领域具有卓越才能和突出成果的学生,这些学生在国内外学术竞赛中屡获佳绩,为学校声誉和影响力的提高做出了重要贡献。四川大学常年与第三方公司合作,对毕业生进行问卷调研,并发现以下明显成效。

1. "拔尖计划"毕业生深造率高

据调研结果,2022 届拔尖计划毕业生深造率为 99.20%,绝大部分毕业生选择继续留在基础学科领域深造,且深造质量较高。此外,上述毕业生基本上进入国内外一流大学继续深造,与基础学科拔尖人才培养定位相符。

2. "拔尖计划"毕业生学术活动开展力度大

本校 2022 届"拔尖计划"毕业生中,有 88.55% 参加过学术实践活动,以参与教师主导的科研课题、学术会议、前沿讲座、学科竞赛为主,参与度均明显高于本校其他非"拔尖计划"学生,这说明"拔尖计划"学术训练覆盖面较大。学术实践经历能促进学生不断地掌握方法、探索真理、创造知识,同时也有助于提高学生学习的积极性,加深学生对知识的理解,对课堂中的理论教学也起着促进作用。

3. "拔尖计划"在专业培养方面具有成效

"拔尖计划"相关专业教学效果、师生交流情况整体较好,教师授课关注毕业生对升学指导的诉求。2022 届"拔尖计划"毕业生的教学满意度为91.93%,基本持平于学校平均水平,师生互动较为积极。"拔尖计划"毕业生对专业课的满意度相对较高,为 90.51%。其个人素养、通用能力和专业能力的达成度均高于学校学生平均水平,这也从侧面证明了培养目标的有效达成。

六、四川大学基础学科拔尖学生评价问题反馈及改进方向

四川大学在开展基础学科拔尖学生评价机制的建设过程中持续深化对 OBE 理念的理解和应用，不断搜集和分析学生的反馈信息，了解学生的学习进展和存在的问题，及时调整评价策略，进一步探索、完善、优化评价体系和评价方法，以适应高等教育发展的新需求和新挑战。

1. 基础学科拔尖学生对学术能力培养有更高期望

毕业生的学术能力达成度与学校平均水平相比仍有一定差距，尤其是发现与提出问题、检索与总结文献方面需加强培养，这并非是指"拔尖计划"毕业生的学术能力不高，反而说明毕业生的学术意识已经觉醒，对学术能力的培养提出了更高要求和期望。

2. 国际化教育资源有待进一步加强

调研发现，四川大学 2022 届"拔尖计划"毕业生有过国际化教育经历的比例略高于学校平均水平。国际化教育对于"拔尖计划"毕业生世界胸怀的形成具有重要作用，目前毕业生对国际化交流项目/国际化校园活动的丰富度、国际交流管理和资助体系完善度的提升需求明显高于学校平均水平，这说明"拔尖计划"的国际化教育资源需要进一步开发。

3. 需进一步提高通识课、公共课对"拔尖计划"毕业生培养的支撑力度

"拔尖计划"毕业生对课程合理性的评价略低于学校平均水平，对通识课、公共课的满意度相对较低，需关注课程对学习兴趣的调动情况。从教师授课改进需求来看，"拔尖计划"毕业生对升学指导的诉求高于学校平均水平，教师在授课中可重点加入升学相关内容的指导，从而提升授课满意度和培养效果。

七、结语

拔尖学生评价机制是高等教育质量保障体系的重要组成部分。构建并实施基于 OBE 理念的基础学科拔尖学生评价机制是提升人才培养质量的有效途径。四川大学通过构建多维度评价体系、采用多样化评价方法以及强化过程性评价与反馈等措施，能够更加全面准确地评价学生的能力和成果，为基础学科拔尖人才的培养提供更加有力的保障。展望未来，随着教育理念的不断更新和科技手段的不断发展，基于 OBE 理念的评价机制将在基础学科拔尖人才培养中发挥更加重要的作用，拔尖学生评价机制将会更加科学、全面、有效，基础学科拔尖人才培养事业将取得更加辉煌的成就。

参考文献：

[1] 张跃进，江洪娟，王克. 基于OBE理念的拔尖创新人才培养模式研究［C］//中国国际科技促进会国际院士联合体工作委员会. 2023年教学方法创新与实践科研学术探究论文集（二）. 2023：178－182.

[2] 刘军男，杨颉，沈悦青. 基础学科拔尖学生学术志向发展的影响因素及其作用机制——基于扎根理论的研究［J］. 中国高教研究，2024（2）：16－23.

"引导+互助"式挑战性学习教学模式构建
——以拔尖班课程教学为例[*]

周 锐

四川大学马克思主义学院

摘 要：挑战性学习对于培养与提高拔尖人才能力具有重要意义。针对拔尖班学生课程学习中存在的"通过容易、效果有限"问题，本文基于"最近发展区"理论，尝试构建"引导+互助"式挑战性学习教学模式，即由挑战性学习任务设计、教师"引导"、"互助"讨论、外部专家评审与结果展示等环节组成的教学模式，以期为提升拔尖人才培养效果提供重要的理论启示与可行的实践建议。

关键词："最近发展区"理论；挑战性学习教学模式；拔尖人才培养

一、引言

近年来，随着教育理念的不断更新和教学模式的不断创新，挑战性学习作为一种重要的教学策略逐渐受到关注。然而，尽管许多学校已经开始尝试应用挑战性学习教学模式，但在实践中仍然存在着一定的问题和较大的挑战。在为四川大学拔尖班学生授课过程中，笔者发现学生在课程学习中存在"通过容易、效果有限"的困境，即课程教学在学生素质能力培养和提升方面的作用与预期有较大差距，这显然与拔尖人才培养的目标存在偏差。因此，本文以提升拔尖人才能力为主要目标，基于"最近发展区"理论，探讨挑战性学习教学模式构建的一般框架与实施路径，以期为提升拔尖人才能力提供理论启示与实践支持。

---

[*] 本文系四川大学新世纪教育教学改革工程（第 10 期）研究项目"基于'最近发展区'理论的挑战性学习教学模式构建——以拔尖班课程教学为例"（项目编号：SCU10047）的研究成果之一。

二、理论分析框架

"最近发展区"理论是由苏联心理学家瓦列里·达尼洛维奇·佩列斯基提出的。他认为，人的认知发展是在社会交往和文化传承中逐渐形成的，而在这一过程中，处于个体当前能够完成但又稍微超出其实际能力的范围内的那部分任务，被称为"最近发展区"。基于这一概念，笔者认为，"最近发展区"是指个体能够在他人的帮助下，所能达到解决问题的水平与在独立活动中所达到的解决问题的水平的差异。显然，这一概念强调了社会因素在个体认知发展中的重要作用。在"最近发展区"内，个体通过与他人合作、他人的引导和指导，完成了原本无法完成的任务，从而实现了认知水平的提升。按照这一理论，学习的关键不再仅仅是掌握知识和技能，更重要的是通过社会互动和合作，促进认知的发展和提高。

如果将上述理论与内容关联到教学模式上，则可以这样认为：教学不再是简单的教与学，而是要构建一种"引导"的模式，在这种模式下，教师或者更有经验的同伴扮演着重要的"引导"角色，给学生提供支持和指导，帮助学生逐步克服难题，实现认知的提升。

但在实际教学中笔者发现，仅仅依靠教师的"引导"是不足以实现学生认知能力的提升的，还需要"互助"，即学生之间以团队合作的方式相互帮助，促进交流与认知。

因此，本文基于"最近发展区"理论与实践感知，构建了如图1所示的"引导+互助"式挑战性学习教学模式分析框架。图1表明，在教学中，要让学生实现更高水平的发展，必须依托两种主要渠道，即教师的"引导"与同伴的"互助"。

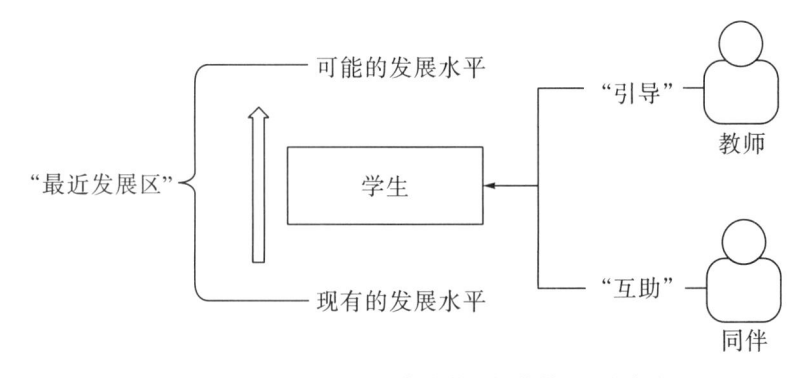

图1 "引导+互助"式挑战性学习教学模式分析框架

以图 1 为基础，本文以四川大学马克思主义理论专业拔尖班"社会调查与研究方法"课程教学为例，探索挑战性学习教学模式构建的一般框架与实施路径。

三、"引导+互助"式挑战性学习教学模式的川大案例

（一）案例简介

笔者于 2023 年春季学期起开始承担四川大学马克思主义理论专业拔尖班"社会调查与研究方法"课程（以下简称"社调课程"）教学任务。社调课程共开设 17 周，其中有 13 周为理论讲授，4 周为实验教学，合计 48 学时。任课教师共三位，一位负责理论讲授，一位负责实验教学，还有一位负责开展一次专题讲授。2023 年春季学期与 2023 年秋季学期，共有两个年级 24 名拔尖班学生参与社调课程。本文以上述两学期课程完整教学周期作为研究对象，通过全面、深入的参与调查，探索针对拔尖人才培养的挑战性学习教学模式构建路径。一方面，笔者尽可能客观地以观察者的身份对学生的行为及其态度进行观察；另一方面，作为授课教师之一，笔者尝试尽可能地"走进"学生，以了解他们对社调课程的最真实感受。

（二）拔尖班社调课程教学过程中存在的主要问题分析

本文将拔尖班社调课程教学过程中存在的主要问题归结为"通过容易、效果有限"，即课程教学在学生素质能力培养和提升方面的作用与预期有较大差距。具体来看，拔尖班社调课程教学过程存在以下几个主要问题。

1. 课程内容的挑战度被学生"追求高分"的目标所弱化

学生在课程学习过程中追求好成绩无可厚非，但如果过分追求高分，学生的关注点就会发生变化，即从关注自身能力提升向关注"分数"转变。在这种情况下，即使教师设置具有一定挑战性的学习目标，学生也能较为"轻松"。

2. 学生表现出"课堂参与度高、课后参与度低"的特征

社调课程是一门应用性极强的课程，仅通过课堂教学无法真正培养学生独立开展社会调查与研究的能力。但受修读课程较多、社团活动较多等外部因素影响，学生无法保证能积极利用课堂之外的时间进行社会调查训练。

3. 教学方式方法与人才培养目标不匹配

尽管近年来基于数字技术应用的教学新方式不断融入课堂，对提升教学质量起到了良好的促进效果，但在实践过程中仍然暴露出一些问题。部分教师存

在为了"炫技"而创新教学模式的心理，导致课堂教学质量下降。同时，社调课程在学术挑战度与师生互动水平上存在一定差距，教学内容与学生实际需求之间缺乏有效的衔接。

（二）"引导＋互助"式挑战性学习教学模式实施方案

基于社调课程中存在的部分问题，本文按照"引导＋互助"式挑战性学习教学理论分析框架，"以切实提升学生能力为中心"，在社调课程中，设计具有挑战性、前沿性、综合性、趣味性、开放性的问题，通过教师引导、师生互动、生生互动等模式，激发学生兴趣，引导学生围绕问题进行探究、反思、交流、评价，在整个教学过程中逐渐提高学生解决问题的能力。

1. 挑战性学习任务设计

基于"最近发展区"理论，学生选择需要在教师指导下完成的兼具挑战性、趣味性、综合性与前沿性的任务。在社调课程实践中笔者发现，挑战性学习任务的设计可以进行如下两方面的细化。

一方面，可根据学生情况调整挑战性学习任务的内容。具体而言，对于低年级学生，可以以教师为主导的方式进行设计；对高年级学生，建议以师生共同讨论的方式进行设计。这主要是因为高年级学生经过一段时间的学习后有了一些自己的想法和认识，此时和他们共同设定挑战性学习任务，可以激发他们参与挑战性学习任务的兴趣并提高主动性。

另一方面，从任务设计的时间来看，可以将课程周期延长。例如，对于在每年春季学期开设的社调课程，教师在寒假时便可通过线上教学的方式与学生进行多次沟通与交流，指导学生利用寒假时间从自己的身边去发现感兴趣的话题，将其作为社调课程学习的任务。这样，学生在课堂学习时就是主动地带着问题来的。一般来看，社调课程的挑战性学习任务最终表现为撰写一份规范的社会调查研究报告，这一阶段具体表现为选择一个合适的"研究问题"。

2. 以教师引导为主的系统讲解

在确定挑战性学习任务，即确定"研究问题"之后，学生需要参加课程学习，扩大知识储备。在此阶段就要发挥教师的引导作用，即由教师向学生讲解课程核心内容，主要包括课程的核心理论与方法、学生难以通过自学掌握的内容。

在这个过程中教师要避免的主要问题是为了所谓的翻转课堂，完全让学生分享，而忽视甚至认为教学不能按照传统的讲授方式进行。实际上，翻转课堂本身具有重要作用与意义，但不能过度使用，尤其在教师主讲阶段不能过度使用，否则会影响教学效果。

3. 以互助为主的自学与讨论

在以教师引导为主的讲解之后，学生将进入以互助为主的自学与讨论阶段。这是构建挑战性学习教学模式的核心与关键。讨论包括生生讨论、师生讨论两类，需要以自主学习为基础。社调课程中，教师让学生以 2—3 人为一组，从研究问题选择、方案设计、调查、资料分析、报告撰写全过程进行深入讨论交流。对于出现的问题，如果小组讨论不能解决，教师要及时介入，协助处理。

4. 外部专家评审

在小组达成共识并完成调研报告后，任课教师可邀请其他专家对小组成果进行评审。评审重点在于报告的思路与方案、知识运用、成果创新等方面。

5. 结果展示

小组根据教师及专家的评审意见对调研报告进行调整与修改后，确定本小组成果并提交。社调课程以小组调研报告为基础，策划举办如"百县千村万户调查"调研报告撰写比赛等活动，对不同小组的成果进行评审与展示，清晰列出小组成员在其中的贡献，促进各小组之间的交流与成果借鉴，增强学生的学术自信与面对困难的勇气。

（三）主要成效

社调课程是一门实用性很强的课程，其核心目标在于培养学生独立开展社会调查研究的能力。经过"引导＋互助"式挑战性学习教学模式的探索与构建，培养提升学生独立开展社会调查研究的能力，具体体现在以下三个方面。

首先，全体学生积极参与，顺利完成课程学习。在学习社调课程的过程中，学生对社会的现实问题表现出浓厚的兴趣，每个学生都带着问题进入课堂，将问题解决后又带着经验走向社会。本课程激发学生产生浓厚的兴趣与热情，这成为学生提升能力的重要基础。

其次，班级学生形成以""乡村振兴战略背景下农村基层党组织引领乡村治理的实践路径""革命老区党支部建设何以引领当地乡村慢性病防治事业发展"等为主题的规范调研报告。

最后，基于社调课程形成的调研报告，班级学生荣获第十七届"挑战杯"四川省大学生课外学术科技作品竞赛三等奖一项。

四、结论与研究展望

本文基于"最近发展区"理论，以四川大学马克思主义科学理论拔尖班"社会调查与研究方法"课程教学为案例，通过深度参与田野调查等方式，探索构建"引导＋互助"式挑战性学习教学模式的理论分析框架与实施路径，为拔尖人才培养提供了理论指导与实践指南。

具体来看，首先，"引导＋互助"式挑战性学习教学模式的理论分析框架表明，在教学中要实现学生从现有发展水平向更高发展水平发展，必须依托两种主要渠道，即教师的引导与同伴的互助。其次，"引导＋互助"式挑战性学习教学模式总体包括挑战性学习任务设计、以教师引导为主的系统讲解、以互助为主的自学与讨论、外部专家评审以及结果展示等五部分内容。

从理论层面来看，本文结合"最近发展区"理论，形成了"引导＋互助"式挑战性学习教学模式的理论分析框架，丰富了既有理论。从实践层面来看，本文提出的"引导＋互助"式挑战性学习教学模式实施路径，为当前拔尖人才培养提供了具体可操作的经验借鉴。当然，笔者也认识到，受制于时间等限制因素，所举案例仅局限于既有的社调课程。在未来研究中，笔者将继续寻找更具典型性的案例，进一步丰富完善现有研究。

参考文献：

[1] 孙宏斌，冯婉玲，马璟. 挑战性学习课程的提出与实践 [J]. 中国大学教学，2016 (7)：26－31.
[2] 余震球. 维果茨基教育论著选 [M]. 北京：人民教育出版社，1994：17.
[3] 吴志华，王思漪. 最近发展区理论下的学生实践能力发展及活动教学模式构建 [J]. 教育理论与实践，2018 (8)：44－46.
[4] 王文静. 维果茨基"最近发展区"理论对我国教学改革的启示 [J]. 心理学探新，2000 (2)：17－20.

基于特质与能力导向的药学拔尖人才培养模式的探索与实践

李 琰　李成容　任克柏　何 勤

四川大学华西药学院

摘　要：基础学科拔尖人才培养是深入实施人才强国战略的重要举措。本文分析了药学拔尖人才应具备的特质与能力，包括扎实的"底宽顶尖"金字塔知识结构、完善的能力结构和超前的创新思维、卓越的素质特征；基于这些特质与能力，以四川大学药学拔尖人才培养基地的创新实践为例，总结探讨了"三制三化四融合"、本硕博贯通式培养、科学选拔分流、健全质量保障体系和拔尖人才培养追踪机制等育人模式，以期能为高校药学拔尖人才培养提供参考。

关键词：药学；拔尖人才培养；特质；能力

当前，世界百年未有之大变局加速演进，新一轮世界范围的科技革命、产业变革的浪潮席卷而来，加快建设世界重要人才中心和创新高地是在激烈的国际竞争中占据优势、赢得主动权的必然要求，是应变局开新局、强化现代化建设人才支撑的关键所在。

党的十八大以来，党中央提出了一系列新时代人才工作和创新发展工作的理念，尤其是对基础学科拔尖人才培养统筹布局、全面规划，为加快建设世界重要人才中心和创新高地提供了科学指引。2021年，习近平总书记发表重要讲话，强调要深入实施新时代人才强国战略，加快建设世界重要人才中心和创新高地，明确指出"要走好人才自主培养之路，高校特别是'双一流'大学要发挥培养基础研究人才主力军作用，全方位谋划基础学科人才培养""更加重视科学精神、创新能力、批判性思维的培养培育"。2022年，党的二十大报告强调："要坚持教育优先发展、科技自立自强、人才引领驱动，加快建设教育强国、科技强国、人才强国，坚持为党育人、为国育才，全面提高人才自主培养质量，着力造就拔尖创新人才，聚天下英才而用之。"2023 年，习近平总书记在中共中央政治局第五次集体学习时的重要讲话强调，"进一步加强科学教育、工程教育，加强拔尖创新人才自主培养，为解决我国关键核心技术攻关提供人才支撑"。习近平总书记的重要论述赋予了基础学科拔尖创新人才培养新的历史使命和时代价值。立足新时代新征程，着力构建拔尖创新人才选拔、培养、评价、保障有机衔接的自主培养新体制、新范式是教育高质量发展的内在要求，是储备高水平创新人才的核心。

医药卫生对人类健康发挥着重要的作用，医药产业作为国家经济发展的重要组成部分，是事关人民美好生活的民生基础。2016 年，中共中央、国务院印发的《"健康中国 2030"规划纲要》提出要推动医药创新和转型升级。2017 年，《"十三五"国家药品安全规划》提出"十三五"期间"推动我国由制药大国向制药强国迈进"。2021 年，药监局等 8 部门联合印发《"十四五"国家药品安全及促进高质量发展规划》，提出 2035 远景目标要"基本实现从制药大国向制药强国跨越"。2023 年，习近平总书记考察石家庄市国际生物医药园规划展馆时强调，生物医药产业是关系国计民生和国家安全的战略性新兴产业，要研发生产更多适合中国人生命基因传承和身体素质特点的"中国药"。

在过去十年，我国生物医药产业发展快速，目前已进入创新跨越式发展的新阶段，化学药、生物药从跟进到局部赶超，我国生物医药产业正稳步从仿制为主走向创新发展的新业态。但是"创新药能力不足，仿制药大而不强"仍然是长期以来困扰无数药学人的问题。基础研究薄弱，前沿学科交叉融合能力不强等问题导致创新药物研发动力不足，解决创新药物问题是药学学科发展的重中之重。因此，培养一大批具备崇高理想信念、扎实专业知识、突出科研创新能力、良好道德素养的药学拔尖创新人才迫在眉睫。新格局下，如何加快转轨，实现药学拔尖创新人才高质量培养，是医药行业、医药院校面临的重要课题。

一、药学拔尖人才应具备的特质与能力

1978 年中国科学技术大学开办少年班，开启了我国探索拔尖创新人才培养的序幕。为回应"钱学森之问"，2009 年，教育部等三部门推出了"拔尖计划 1.0"，首先在数学、物理、化学、生物、计算机等基础学科领域实施。2018 年，为加快本科教育建设，教育部等六部门启动"拔尖计划 2.0"，提出提质、拓围、增量、创新的目标。2020 年，教育部首次将药学纳入"拔尖计划 2.0"，这是面向中国新药研发正从"模仿创新"向"原始创新"转变新形

势的前瞻性布局。

关于拔尖人才的概念内涵学者尚无统一界定。美国著名英才教育专家约瑟夫·兰祖利提出英才应具备高于平均水平的能力、对任务的执着精神和创造力；杨德广等提出了"超常"学生的概念，将他们的特点概括为"三高"——高智商、高情商和高创造力；陈权等从个性品德、知识素养、创新精神和社会奉献四个方面定义拔尖创新人才。各大高校对于药学拔尖人才培养也进行了广泛的探索与实践，积累了先进的经验。虽然学界对于药学拔尖创新人才的内涵特征有诸多不同的提法，但结合多位专家学者对拔尖创新人才的界定，笔者认为药学拔尖人才应具备的主要特质集中于知识、能力、素质等方面，即具备合理的知识结构、完善的能力结构、超前的创新思维，富有家国情怀、科学精神，具有兴趣驱动、国际视野和发展潜力，具有较强的内驱力、领导力、创造力等。具体可概括为如下三点。

第一，具有扎实的"底宽顶尖"金字塔知识结构，包括精深的药学专业知识、广博的多学科交叉知识等。能通过药学学科基础课程、专业课程的深入学习，搭建深厚的药学专业知识体系，有较强的专业认知和开阔的前沿视野。通过跨领域、跨学科、跨专业的探索研究具备多学科知识结构。

第二，具有完善的能力结构和超前的创新思维。一是具有独立获取知识的能力，独立思考的能力，提出问题、分析问题、解决问题的能力和批判性思维能力。二是具有良好的科研实践能力，有严谨求实的科研作风，能以科学的态度进行创新实践，并能通过科研实践形成缜密清晰的逻辑思维能力。三是具有强大的创新能力、超前的创新思维、敏锐的观察能力及深刻的洞察能力。

第三，具有卓越的素质特征。有为国家做奉献的爱国精神与家国情怀、有积极投身基础科学研究的药学兴趣和人文素养，具有全球视野、世界眼光和跨文化沟通能力。

二、药学拔尖人才培养模式的探索与实践

当前，药学拔尖人才培养尚不能满足国家创新药物战略需求。基于药学拔尖人才应具备的特质与能力，本文以四川大学基础学科药学拔尖人才培养基地为例，梳理总结药学拔尖人才培养模式，为新时期新形势下药学拔尖人才培养提供思路。

（一）药学拔尖人才培养目标

2018 年，中共中央、国务院印发关于新时代教育改革发展的文件中首次

正式提出"新医科"概念。2020年,《国务院办公厅关于加快医学教育创新发展的指导意见》提出全力提升医学人才培养质量,以"大国计、大民生、大学科、大专业"的新定位推进医学教育改革创新发展。在新医科的背景下,药学拔尖人才培养也要更新理念,关注生命全周期、健康全过程。

四川大学药学拔尖人才培养基地(以下简称"基地")坚持立德树人根本任务,立足健康中国发展战略,培养具有家国情怀、国际视野、全球竞争力,懂医精药、善研善成,具备扎实的专业知识,能够把握药学及相关领域发展新动向,独立进行原创性科学研究、勇攀世界科学高峰、解决药学领域关键科学问题、引领医药科技进步的国际一流药学科学家。

(二)药学拔尖人才培养模式与创新实践

1. 构建特色鲜明的药学拔尖人才培养方案,以原创药物研发为牵引,交叉融通引领创新

培养方案是实施人才培养的依据,人才培养方案的核心是课程体系。基于四川大学"化生医"基础学科培养平台,基地以创新药物为牵引,建设新药研发创新链"药学+X"(如药学+中药学、药学+医学、药学+化学、药学+计算机等)交叉融合课程,强化医学基础、临床前研究、成药性评价,完善药学拔尖学生多元化跨学科知识结构。开设具备高阶性、创新性和课程挑战度的药学高阶创新实验课程群,为不同特点学生提供个性化选择。加强全英文品牌课程群、国际课程周课程、一流课程群建设,以一流课程带动一流人才培养。

通识教育肩负着"育人"的重要使命,是培养学生健全人格、人文情怀、科学素养以及社会责任感的重要途径。拔尖人才培养方案中应设置完善的通识教育体系,同时以"思政课程"和"课程思政"为主抓手,全面推进课程思政建设,贯彻"思政渗透、文理融合、通专结合"的育人理念,在专业教学中通过"润物细无声"的方式融入情感、精神和价值层面的教育和培养,引领学生树立医药强国、立志成才的理想。

2. 推行"三制三化四融合"育人模式,从理论与实践两个方面提高学生综合素质

"三制"指的是导师制、学分制、书院制。导师制是拔尖人才培养改革的重要内容,强调对学生的引领和培养。基地汇聚国内外药学、化学、医学、生命科学等各学科学术大师参与拔尖人才培养,学术导师、学业导师、专职辅导员协同指导拔尖学生的科研训练、学业安排、生涯规划、心理健康,实现大师引领、全面指导,引路拔尖学生成长成才。完善学分制的管理,为学生个性

化、多样化发展和自我完善提供广阔空间。药学拔尖学生根据专业志趣和发展潜质在人才培养方案基础上重构个人修读计划，注重专业特长、药学领域方向的学术训练和培养。深化"书院制"培养模式，最大化发挥多元主体协同育人功能，依托"一站式"的学习社区有效整合教育资源。四川大学玉章书院融合不同年级、不同专业拔尖学生，通过学科交融的跨学科学习社区、全天候的驻院导师强化学生综合能力培养。

"三化"指的是小班化、个性化、国际化。每个拔尖人才的成长发展都是独特的，"个性化"因材施教、"一生一案"、按需培养对实现个体的卓越成长至关重要。基地持续深化"探究式—小班化"教学质量革命、全过程学业评价和非标准答案考核。通过线上线下混合教学、翻转课堂等多元化教学模式推动研究性、自主性学习，培养学生批判性思维。国际化培养是拔尖人才培养的重要抓手，要在人才培养方案中完善全英文品牌课程的建设，同时"引进来、走出去"双轨驱动，邀请高水平外籍教师到校任教、开设短期课程或进行学术交流，积极拓宽与国际一流院校的合作，如海外实习基地建设、学术交流项目等，以培养学生的全球视野。

"四融合"指的是学科交叉融合、科教融合、产教融合、医教融合，以多元化、多主体协同育人为目的。学科交叉融合除了建议在培养方案中围绕"宽口径、厚基础"设置学科前沿与交叉特色课程，还建议推行跨学科导师组制度，跨学科导师组通过共创多学科思想碰撞与融通的学术氛围，带领学生深度参与基础研究。基地深化科教融合，以科研项目为载体，鼓励药学拔尖学生参与面向国家重大需求的重大问题和关键技术难题项目。构建"夯实科研基础—拓展学术视野—独立开展科研项目"的进阶式科研训练体系，打造高水平的科创竞赛平台，培养药学拔尖学生的自主科研能力。精准对接产教融合，完善行业导师长效化合作育人机制，邀请顶尖医药企业家为拔尖学生开设企业实践课程。鼓励拔尖学生参与企业研发项目，瞄准工程实践问题开展研究，打通从问题导向、技术攻关到科技成果转化的研究和实践路径，培养科学、工程和技术方面的系统思维与贯通能力。推进医教融合，为药学专业拔尖学生提供药物治疗进展、临床评价研究、生物信息等方面的理论与实践技能培养。

3. 本硕博贯通式培养方式，分阶段有重点地培养药学拔尖人才

本硕博贯通式培养是指将本科阶段的通识教育、专业基础教育、专业教育、实践教育，硕士阶段的科研实践，博士阶段的前沿创新等有机结合的培养方式。为开展药学拔尖人才本硕博贯通式培养，基地不断完善培养方案，在本科教育阶段夯实学生医学、生物学、化学等基础学科知识，引导学生创新研究方法，提升开展药学研究的核心能力，建立"转化研究"理念指导下的创新药

物研究整体观。在本硕衔接阶段，基地加强本科生教育与研究生教育的整合，鼓励学生提前修读研究生基础课程。研究生教育阶段，聚焦重大新药创制战略布局难点，引导学生针对临床问题开展基础研究。

4. 科学选拔分流，择优录取

基地实行入校后二次选拔制度，综合智力因素与非智力因素，重点考查学生的学业成绩、综合素质、学科潜质等，选拔有志于促进人类健康、热爱药学基础科学、具备药学科研潜力的优秀学生。二次选拔后，基地将合理引导学生参与科研实践，激发其科研兴趣，多阶段综合考察其适应能力、综合素养、学术成长度，结合学生学习兴趣与学术志向科学分流，实现动态进出。鼓励培养考核优秀学生提前进入更高层次阶段学习，支持学术兴趣发生改变或不适应药学拔尖计划培养模式的学生分流。

5. 健全质量保障体系和拔尖人才培养追踪机制，真正实现全过程培育

基地构建"以学为中心"的全链条质量保障体系和信息反馈机制，通过教学督导组巡教、领导干部听课、基层教学组织活动、拔尖人才培养专题研讨、学生评价等方式及时发现培养过程中存在的问题，并进行调整优化。建立拔尖毕业生信息平台，追踪学生成长动态，及时修正培养体系，真正实现对拔尖学生全过程培育。

三、总结与展望

走好基础学科药学拔尖人才培养之路，不仅需要双一流院校持续不断地下硬功夫，也需要多部门多主体协同，合力建设培养未来生物医药领军人才教育矩阵。本文立足新时代人才培养战略要求和医药行业发展新形势，分析了药学拔尖人才须具备的特质，以四川大学药学拔尖人才培养基地的实践为例，探讨了基于特质和能力导向的药学拔尖人才培养模式，期望能为新形势下药学拔尖创新人才培养提供一定的借鉴。

参考文献：

[1] 习近平. 深入实施新时代人才强国战略加快建设世界重要人才中心和创新高地[J]. 求贤，2021（12）：9.

[2] 习近平. 高举中国特色社会主义伟大旗帜 为全面建设社会主义现代化国家而团结奋斗——在中国共产党第二十次全国代表大会上的报告[M]. 北京：人民出版社，2022：33-34.

［3］习近平在中共中央政治局第五次集体学习时强调 加快建设教育强国为中华民族伟大复兴提供有力支撑［N］. 人民日报，2023-05-30（1）.

［4］姚文兵，王欣然，樊陈琳，等. 我国高等药学教育改革十年来的创新与实践［J］. 中国药学杂志，2023（10）：849-855.

［5］付艳萍，张晓阳. 何谓英才，谁的教育，如何教育：美国英才教育发展中的三大论争［J］. 全球教育展望，2023（1）：118-128.

［6］杨德广，宋丽丽. 我国应着力于"超常"学生的选拔和培养：兼论"钱学森之问"的破解［J］. 教育发展研究，2019（22）：1-9.

［7］陈权，温亚，施国洪. 拔尖创新人才内涵、特征及其测度：一个理论模型［J］. 科学管理研究，2015（4）：106-109.

［8］史秋衡，李瑞. 高校拔尖创新人才培养的价值逻辑、关键要素与路径选择［J］. 中国远程教育，2024（1）：15-24.

［9］江正瑾，翟蔓华芸，郭嘉亮，等. "本硕博"贯通式培养推动"双一流"药学学科国际化拔尖人才培养的思考及实现路径探索［J］. 海峡药学，2023（4）：34-37.

基于教育虚拟社区的拔尖学生学习共同体建设研究

周菡晓　刘　黎　尹　进

四川大学教务处

摘　要：面对高等教育改革发展的新时代新要求，书院制"虚拟空间"——"基础学科拔尖学生培养计划2.0全国线上书院"，担负着构建连接校内校外、融合线上线下、贯穿课内课外的新型教学生态，创建并运营全国拔尖学生虚拟学习生活社区的时代任务。目前学界针对"学习共同体"的研究视野偏窄，研究对象相对微观，尚未形成完整的理论框架或理论体系，研究成果也较为缺乏整合性和综合性。本文基于教育虚拟社区理论，尝试梳理拔尖学生学习共同体的建设相关理论，以期为开展相关研究的学者提供借鉴。

关键词：教育虚拟社区；拔尖学生；学习共同体；教育共同体

《中国教育现代化2035》明确指出，要加快信息化时代教育变革，统筹建设一体化智能化教学、管理与服务平台，利用现代技术加快推动人才培养模式改革。2020年和2021年召开的世界慕课大会均强调了信息技术在教育领域的发展潜力，参会学者指出，要以信息技术持续推进高等教育创新发展，构建连接校内校外、融合线上线下、贯穿课内课外的新型教学生态，开创更加包容、更高质量、更具公平、更有效率的数字教育新局面，推动高等教育领域的学习革命。

基于高等教育改革发展的新时代新要求，教育部吴岩副部长指出，探索书院制改革，就是要通过书院的"熏、染、浸、润、培、育"，构建书院制的"三重空间"——物理空间、精神空间和虚拟空间。建设书院制"虚拟空间"，把启发性交流转变成交融式交流、互促式交流，在互促融合后催生创新点，为拔尖学生埋下创造的基因和种子。2021年，教育部正式推出的"基础学科拔尖学生培养计划2.0全国线上书院"（简称"线上书院"），就是在响应吴岩副部长关于"虚拟空间"建设的要求。线上书院为全国77所高校288个"拔尖计划 2.0"基地的学生打造了课内课外、校内校外、线上线下相结合的虚拟学习生活社区。

近年来，各高校持续建设包括慕课在内的各类线上学习资源，然而针对拔尖学生、旨在服务全国的线上学习平台目前却只有线上书院。针对性的定位使线上书院必须具备不同于其他线上学习平台的特色与功能，担负着国家赋予的使命与责任。线上书院迄今已"诞生"3 年，正处于初具规模、亟待发展的阶段，而学习借鉴全球范围内相关研究成果是建设好"虚拟空间"的持续性要求。

一、教育虚拟社区研究现状及建设情况

（一）教育虚拟社区研究现状

美国学者莱茵戈德（Howard Rheingold）是最先定义因特网社区的知名学者，他在《虚拟社区》（*The Virtual Community*：*Homesteading on the Electronic Frontier*）一书中首次提出"虚拟社区"的概念，即具有一定规模的人群，通过网络而衍生出来的，在一定程度上分享其知识与信息，并且彼此之间具有一定程度的共识，以丰富的情感进行公开讨论，从而在虚拟空间中所形成的群体与个人之间关系网络的社会共同体。Lee 等（2002）对虚拟社区的相关研究进行了综述，认为虚拟社区由以下几个基础要素所组成，即信息技术、成员的互动、网络空间、社区的人际关系。而在教育虚拟社区的研究方面，基于维果茨基的社会建构主义以及相关学习心理理论，国外学者侧重于将教育虚拟社区看作一个贴近现实的环境，从而使学生可以在其中获得实践性的学习机会。Thomas（2016）认为，在一个特定的虚拟社区中，儿童是通过参与社区的话语社会实践来学习的。他还设计了一个没有"专家"的虚拟社区环境，来观察学生的学习行为。在教师教研与知识管理方面的教育虚拟社区研究中，Lin 等（2008）将教师分三个阶段进行了研究，以探究虚拟社区中成员之间知识流动与创新机制。在教育虚拟社区发展方面，Walsh 等（2012）认为跨学科的虚拟社区是未来教育发展的重要方向。

国内虚拟社区研究现状大致如下：齐剑鹏于 2001 年在《电业教育研究》发表了国内第一篇有关教育虚拟社区的文章，从应用方面对教育虚拟社区进行了剖析，阐述了教育虚拟社区在中美两国远程学习过程中所发挥的作用，并且详细叙述了该过程的操作方式、流程以及达到的效果。祝智庭等（2004）基于虚拟社区理论，从资源、教学、管理、家庭教育、通信等七个层面剖析教育虚

拟社区，以此构建了教育虚拟社区模型。而陈丽（2004）则以教学交互概念为基础，对远程学习中的教学交互进行了分析，从而构建了教学交互模型和教学交互层级塔。胡凡刚（2012）研究了教育虚拟社区交互的具体内容，系统性地阐述了虚拟社区中成员交互相关流程，强调了交互在虚拟社区中的核心地位，分析了交互对教育虚拟社区有哪些影响，并对该研究方向进行了深入探索与完善。

（二）教育虚拟社区建设情况

国外建设的教育虚拟社区主要包括提供虚拟性学习经验的实践型教育虚拟社区、提供学习资源的知识共享型教育虚拟社区以及用于教师教学活动的线上教学型教育虚拟社区等。Giddens（2007）为训练专业医疗人员的专业素养，首先将叙事教学方法与虚拟社区相结合，创造了一个"The Neighborhood"。英国也推出了机制相同的"Stillwill"。和"The Neighborhood"一样，"Stillwill"也是一个以叙事教学法为基础的教育虚拟社区。在教研虚拟社区方面，国外已经建立了许多教师专业虚拟社区，如 TappedIn、TENet 和 SCTNet。

我国教育虚拟社区建设的实践有：王陆教授及其研究团队设计开发的虚拟学习社区，通过观察教师与学生的教与学过程以及收集其中用户数据来进行虚拟学习社区的研究，对其虚拟社区功能、服务、环境进行增添、修整，以提高教与学的效率。胡凡刚教授团队则通过开发一个教育虚拟社区平台，对教育虚拟社区中学习者的自我效能、交互过程、社区认同、伦理道德规范等问题进行了定性讨论与实证研究。

二、学习共同体研究现状及建设情况

社会学意义上的学习共同体，即由学习者、助学者（包括教师、辅导者等）共同构成的组织性团体，成员之间通过学习过程中产生的沟通、交流需求，分享学习资源，通过某种交往性合作完成某阶段的学习任务，进而形成相互影响促进的交往性人际关系。而网络学习共同体即通过互联网平台形成的学习共同体，依托移动互联网等虚拟环境，由学习者、助学者组成。近年来，信息技术的发展催生出许多新的学习方式，如离线协商讨论、网络会议等。

与学习共同体相似的概念教育共同体是现代教育先驱杜威提出的概念。他在《民主主义与教育》（*Democracy and Education*）一书中指出，共同体的形成本身就具有教育性，包括共同理解、共同目标、共同知识、共同信仰和共同期望等。现代研究学者认为，教育共同体是指在教育体系内，教育工作者（包括教师、学生、管理人员和其他人员）基于共同的愿景、目标、任务、理想和追求而形成的群体或组织，他们之间进行平等对话、组织协调和人际和谐的互动。微观层面的教育共同体以学校－社区教育共同体为代表；宏观层面的教育共同体以不同领域、不同国家组成的教育共同体为代表。教育共同体强调协作学习、集体决策和相互支持，鼓励成员间的交流和合作，以促进教学质量的提高和学生的整体发展。它是创造积极教育环境和推动教育改革的重要概念。

（一）学习共同体研究现状

国内针对"学习共同体"的研究视野尚且偏窄，研究对象相对微观，主要局限于学校、班级等，且目前尚未形成完整的理论框架或理论体系。研究成果也相对缺乏整合性和综合性，暂时主要集中在英语、思政两个学科。李萍等（2023）对2000—2022年国外"网络学习共同体"的研究现状做了系统分析，认为在近20年来其集中在网络学习、云计算、混合式学习及学习设计等方面。孟亚玲等（2023）指出法国教师在学习共同体实践中高度重视学生的知识交流与情感分析，且研究成果应用范围广泛。

国外学者萨乔万尼认为，教育共同体存在共同价值观和共同的愿景，体现了相互关心、相互学习、相互作伴、接纳差异和共同探究解决问题的特征，能够让教师和学生意识到责任感、归属感。而段微晓等（2017）认为教育共同体的表现形式可以从宏观、中观、微观三个层面划分。宏观上，它表现为终身教育视野下有大教育观特征的教育联合；中观上，表现为学校教育者的联合；微观上，主要从教师为主导、学生为主体的教学关系中体现。

目前关于教育共同体构建的研究，刘阳（2014）强调教育共同体秉持利益一致化原则、个性化、民主化原则，主张加强学校与社区、家长的合作，制订出适合学校和学生发展的最优方案，同时，也要重视学生的参与，使得学生在参与过程中增强共同体意识、提升责任感、团队精神以及接受情感教育。李伟林（2014）则认为应组建社区教育集团，实现教育资源的有效整合，达到"以强带弱"的效果，从而提高区域整体水平；同时加强资源合建与共享，引企入校，构建"校企联盟"共同体，联合社会组织共同推动教育，充分发挥其组织形式多样、社会资源丰富的优势。陈莺（2017）提出责任导向下的参与主体合力构建，通过多方融合形成教育共同体，在以政府为主导的基础上，充分动员其他各方主体通过整合区域教育资源、全面统筹协调安排，构成一个较完善的共同体组织机构。仲红俐（2018）认为要做好政府导向下的政策干预与放权，明确政府在教育共同体中的角色和功能。

（二）学习共同体建设情况

国外的学习共同体建设实践以英、美两国为例。英国的"连锁学校"产生于特定背景下，旨在提升教学质量和标准，促进基础教育的均衡发展。英国新工党以"第三条道路"为指导，强调教育平等与均衡发展，推动"连锁学校"建设。此类学校作为教育共同体，积极促进学校间的联系与资源共享，对中小学生的学业成就及学习质量产生积极影响，激发出更大的集体变革能量。美国"深度学习联盟"由十个学校联盟所组成，致力于通过深度学习培养学生适应21世纪社会生活的必备技能。联盟成立至今，已有一万余名教师和二十余万名学生参与。研究表明，来自该联盟学生的英语、数学和科学测试的平均成绩皆高于同类型非联盟学校，毕业率和名校录取率也更高。

国内方面，由复旦大学外文学院大学英语教学部申报的"以个性化、全能级为特征的外语学习共同体建设的探索与实践"获得2022年上海市优秀教学成果二等奖。该项目融合线上线下平台，探索跨院系合作模式，为不同英语水平的学生量身定制交流学习方案，包括讲座、工作坊、专项辅导等形式。学生可以根据自己的需求及兴趣自主选择、自我探索，教师是促学者和引导者。这一实践展示了国内在学习共同体建设方面的积极探索与成效。

三、拔尖学生虚拟社区及学习共同体研究情况图表分析

关键词是一篇论文提纲挈领的核心概括，从对论文关键词的分析可以看出目前已有研究的相关情况。本文选定关键词为"拔尖学生＋学习共同体"，时间跨度为2000—2023年，期刊范围为中文社会科学引文索引（CSSCI）＋北大核心，然而非常遗憾的是，叠加关键词"拔尖学生"后，现存文献数据太少，无法采用Cite Space软件生成图表。

因而，本文分别用关键词"学习共同体"和"教育虚拟社区"进行Cite Space软件图表分析，以关键词共现图谱和关键词聚类图谱进行可视化呈现。关键词"学习共同体"，期刊范围为CSSCI＋北大核心，时间跨度为2000—2023年，现存76篇文献（截至2023年底）；关键词"教育虚拟社区"，期刊范围为CSSCI＋北大核心，现存84篇文献（截至2023年年底）由此展开Cite Space软件图表分析，结果见图1、图2。

关键词共现图谱所依托的共词分析法属于内容分析法的一种，其原理主要是对一组词进行两两对比，统计在同一篇文献中出现的次数，对这些词进行聚

类分析，从而可视化地显示出这些词之间的亲疏关系，进而分析这些词所代表的学科和结构变化的方法。而关键词聚类图谱可以直观地显示出关键词之间的相关性，有效反映该领域的研究热点与进展情况。

图1　关键词为"学习共同体"的共现图谱

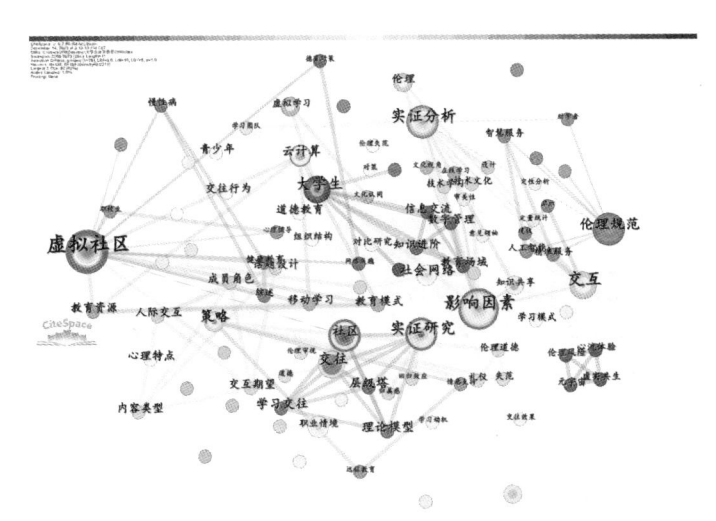

图2　关键词为"教育虚拟社区"的共现图谱

在以上两幅图谱中，我们可以看到"学习共同体"或"教育虚拟社区"所涉及的研究内容广泛、关联复杂，与大学生、本科教育、教学创新、人才培养等节点紧密相连。在学术研究、多学科、教师培训等方面，该研究领域也有着丰富的交集与延伸，表明其在多个维度上的实践与探索。值得一提的是，该研究领域与协同创新、新文科、跨域跨专业教育等节点的联系，揭示了其在教育创新方面的积极探索。同时，深度融合、课程评估、优质学习等节点也反映出该研究领域对教学质量与学习效果的关注。总体来看，"学习共同体"或"教育虚拟社区"的相关研究呈现出一种多元化、深入化的趋势。在虚拟社区中，学生借助人工智能技术和元宇宙等新兴技术，于在线平台扮演不同的角色，进行广泛的交流和互动。同时，社区成员可以参与不同类型的线下活动，分享学习心得，共同探索学术前沿。线上线下联动形成合力，可推动培育社区情感，提高社区凝聚力，促成富有活力的学习共同体。

四、结语

对拔尖学生学习共同体与教育虚拟社区构建的研究目前仍处于初期，鲜少有文献可供学习借鉴，因此，借鉴与整合全球优质资源是线上书院应持续努力的方向，而全国范围内的路径尝试、体系实践、数据收集、案例积累与交流分享是77所"拔尖计划2.0"参与高校应主动承担、积极作为的必答课题。

参考文献：

[1] LEE F S, VOGEL D, LIMAYEM M. Virtual Community Informatics: What We Know and What We Need to Know [C] //System Sciences, 2002. HICSS. Proceeding of the 35th Hawaii International Conference on System Sciences. New York: IEEE Computer Society Press, 2002.

[2] THOMAS A. Children Online: Learning in a Virtual Community of Practice [J]. E-Learning and Digital Media, 2016 (1): 37-38.

[3] LIN F R, LIN S C, HUANG T P. Knowledge sharing and creation in a teachers' professional virtual community [J]. Computers & Education, 2008 (3): 742-756.

[4] WALSH M, VAN SOEREN M. Interprofessional learning and virtual communities: an opportunity for the future [J]. Journal of Interprofessional Care. 2012 (26): 43-48.

[5] 齐剑鹏. 网络学习社区——在线国际远距离合作学习的一次新尝试 [J]. 电化教育研究, 2001 (12): 44-48.

[6] 祝智庭, 王陆. 网络教育应用 [M]. 北京: 北京师范大学出版社, 2004.

[7] 陈丽. 远程学习的教学交互模型和教学交互层次塔 [J]. 中国远程教育, 2004 (3): 24-28.

[8] 胡凡刚. 基于教育虚拟社区的团队集体效能感影响因素实证分析 [J]. 电化教育研究, 2012 (1): 24-32.

[9] GIDDENS J. The Neighborhood: A web-based platform to support conceptual teaching

and learning [J]. Nursing Education Perspectives, 2007 (5): 251-256.

[10] GIDDENS J, WALSH M. Collaborating across the pond: the diffusion of virtual communities for nursing education [J]. Journal of Nursing Education, 2010 (8): 449-455.

[11] 王陆. 虚拟学习社区原理与应用 [M]. 北京: 高等教育出版社, 2004.

[12] 李萍, 李奕. 国外网络学习共同体研究的文献计量分析 [J]. 武汉商学院学报, 2023 (3): 88-92.

[13] 孟亚玲, 李均. 法国线上学习共同体研究现状、热点与趋势 [J]. 课程教学研究, 2023 (7): 110-120.

[14] 段微晓, 阮海波. 国内教育共同体主体间关系研究述评 [J]. 山东青年政治学院学报, 2017 (2): 69-74.

[15] 刘阳. 论教育共同体的内涵与构建原则 [J]. 外国中小学教育, 2014 (10): 38-42, 32.

[16] 仲红俐. 社区教育共同体建设探析 [J]. 成人教育, 2018 (11): 40-43.

[17] 陈莺. 终身教育共同体建设现状与路径、机制思考——以江苏常州为例 [J]. 南京广播电视大学学报, 2017 (4): 6-10.

[18] 李伟林. 资源整合视角下社区教育共同体研究 [J]. 继续教育研究, 2014 (5): 55-57.

[19] 刘臻晖. 教育虚拟社区知识共享机制研究 [D]. 南昌: 江西财经大学, 2016.

拔尖人才价值塑造的重要性和培养举措

丁梦蝶　刘　辉　栾新成　王一凌　赵启军

四川大学计算机学院

摘　要：目前我国人才培养已经发展到培养拔尖创新人才的新阶段。拔尖人才培养战略提出的时代背景，决定了拔尖人才承担着重要的社会发展使命。拔尖人才核心价值观念的塑造是衡量人才培养质量的重要指标，直接关系着拔尖人才培养的具体成效。本文从拔尖人才培养的时代意义出发，阐述了价值塑造的重要性并提出了具体举措，以期为高校拔尖人才的价值塑造和培养提供参考。

关键词：拔尖人才；价值塑造；高校；社会责任感

拔尖人才是宝贵的人才资源。纵观国内外形势，在经济飞速发展、国力日渐强大的今天，我国高科技领域仍然面临着一些"卡脖子"问题。"为党育人、为国育才"在当今的时代背景下有着更迫切和重大的现实意义。坚持把拔尖人才的自主培养与服务国家重大需求相结合，培养具有强烈社会责任感和爱国精神的拔尖人才，是当今时代高校人才培养的重要目标。

拔尖人才培养是一项系统、长期的工程。首先要从源头出发，建立多元、合理的选拔机制，不应只局限于高考成绩、竞赛获奖等常规指标，同时要加强考察思想道德、学术情怀等因素，选拔出有理想、有素质、有潜力的未来领军人才。在拔尖人才的培养过程中，注重新生入学教育，加强思想引领。在专业培养方案设计方面，厚通识、宽视野，筑牢通识教育。注重大师引领，组建德才兼备的导师团队作为组织保障，帮助拔尖学生培养大视野、大格局和大情怀，教育引导拔尖学生胸怀爱国爱党之心、砥砺科教报国之志。

一、拔尖人才价值塑造具有重要的时代意义

拔尖人才培养的核心是解决科学合理的人才培养体系构建问题，其中价值

塑造是动力（邬大光等，2022）。在当前的国际形势下，提升国家自主创新能力是增强国际竞争力的关键，全球竞争的核心已经转向顶尖人才的竞争（阎琨等，2023）。党的二十大报告赋予了拔尖创新人才新的历史使命和时代价值，拔尖创新人才的培养是建设教育强国、科技强国、人才强国的重要基础，是高等教育强国建设的重大战略任务。培养具有爱国精神和社会道德的青年拔尖人才是强国战略的重中之重（阎琨等，2021）。吕成祯等（2014）采用问卷调查法对浙江大学求是科学班的学生进行调研后发现，基础学科拔尖少数学生存在理想信念模糊、人生目标功利低端、压力及危机感强烈和综合素质表现平庸等问题。目前我国对于拔尖人才社会责任感的关注在政策导向层面、理论层面和实践层面都还严重不足，在培养实践上主要重视拔尖学生的专业知识技能训练，而对人格养成教育和社会责任感的培养还缺乏关注（阎琨等，2021）。因此，加强拔尖学生的价值塑造具有迫切而重要的时代意义。

二、拔尖人才应致力于个人发展与社会价值导向相统一

习近平总书记发表的重要文章《扎实推动教育强国建设》中指出，世界强国无一不是教育强国，教育始终是强国兴起的关键因素。建设教育强国的目的就是培养一代又一代德智体美劳全面发展的社会主义建设者和接班人，培养一代又一代在社会主义现代化建设中可堪大用、能担重任的栋梁之才，确保党的事业和社会主义现代化强国建设后继有人。社会责任感是拔尖创新人才的核心素养，也是其从事攻关研究、创新不竭的动力源泉（史秋衡等，2024）。拔尖学生要奋勇争当新时代科技创新的排头兵，肩负起时代赋予的重任，勇担实现中华民族伟大复兴的使命，立志为国家基础学科建设和发展做贡献。拔尖学生应将社会价值导向与个体发展需求相统一，以适应我国经济社会发展需要，进一步成长为基础学科创新型、复合型、应用型人才，以实现我国高水平科技自立自强的初心使命。

三、拔尖人才价值塑造的重要举措

1. 科学选才鉴才，重视非认知因素

当前拔尖人才的选拔往往是围绕高考成绩、竞赛等级等核心指标展开，对个体非认知因素的关注明显不足（阎琨等，2021）。过于偏重对学生智商测试、学业测试、竞赛成绩以及学术成果的定量考察，难以有效识别真正的拔尖人才。此外，以成绩为主的评价标准也不利于学生学习动机的持续和创造性思维

的产生（史秋衡等，2024）。突出的智力和才能只是拔尖人才的必要条件，但一个人最终能否成为社会和国家所需要的拔尖人才，还取决于其对他人和社会所履行的责任。因此，人才选拔要引入多元渠道，全面考察申请学生的品质、学科志趣等，侧重考查学生在实际情境中解决问题的能力、批判性思维能力和创新潜质，加强对学习动机、学习态度、探究精神等心理品质的测评（史秋衡等，2024），进而选拔出有情怀、有素质、有天赋的未来领军人才，汇聚一支有志向、担责任、甘奉献的优秀青年拔尖人才队伍。重视拔尖人才培养的过程化考核，建立科学化、多阶段的动态进出机制（吴佳楠等，2020），实现拔尖人才培养的全程高标准育人。

2. 充分利用好"开学第一课"，加强思想引领

从我国基础学科拔尖学生培养试验计划的实施状况和成效来看，极少提及对入选学生开展思想政治教育工作，充分说明入选高校的培养机制还需进一步完善（刘其军等，2020）。习近平总书记在全国高校思想政治工作会议上强调，把思想政治工作贯穿教育教学全过程，开创我国高等教育事业发展新局面。培养基础学科拔尖人才是高等教育强国建设的重大战略任务，加强基础学科拔尖人才的思想政治教育尤为重要。刘其军等阐述了我国高校思想政治教育工作在基础学科拔尖学生培养中的任务，即思想政治教育肩负着培养基础学科拔尖学生爱国主义精神、社会主义职业精神、社会主义道德观和社会主义人际关系的重任。可以通过校党委书记为本科新生上第一堂思政课，校长讲授"开学第一课"（曾长淦等，2023），打开思想政治教育的新开端。此外，基础研究是对未知的探索，科研结果产出周期长，因此还要注重帮助拔尖学生坚定理想信念，学会理性面对困难和挫折。

3. 厚通识宽视野，筑牢通识教育

通识教育在拔尖人才培养中的重要作用已被国内诸多高校所认可。充分挖掘基础课程中的育人元素，同时配套增设心理类、美育类、体育类选修课，助力塑造专业能力过硬、德智体美劳全面发展、奉献社会的创新型基础学科人才。例如，中国科学技术大学试行"宽口径、厚基础"的大类人才培养体系，少年班学生经过两年的基础通识课程训练后，可以根据自己的兴趣和爱好，在全校范围内自主地选择院系和专业（曾长淦等，2023）。通识教育的熏陶和滋养，可以促进学生人文素养与科学素养均衡发展。加强社会主义核心价值观教育，可以帮助学生树立坚定的理想信念，培育起强烈的社会责任感和家国情怀。还要注重积极引导学生将自身兴趣、禀赋能力与国家社会发展的使命担当结合起来。

4. 注重大师引领，传承科教报国精神

一流的师资队伍是拔尖学生成长与发展的核心要素。遴选热爱教育、造诣

深厚、德才兼备、政治素质过硬、育人水平高超、勇于担当的专家学者组建拔尖导师团队。拔尖导师要充分利用"志趣为先"的育人理念来引导学生树立起从事基础研究高尚光荣的价值观念，引导学生真实体验基础知识的有用性，帮助拔尖学生坚定从事基础研究的远大志向。通过弘扬科学家精神等方式，激励学生将实现自我价值与推动国家发展紧密联系，增强投身基础学科的内在动力。加强师生之间的互动，在课程学习、科学研究、职业生涯规划等方面给予学生全方位指导，充分发挥导师为人、为学、为事的示范作用。

四、小结

基础研究工作和创新工作都是漫长和枯燥的，拔尖人才应具备深厚的家国情怀，具有勇攀科学高峰的坚定信念。注重拔尖人才的价值塑造，培养德才兼备的拔尖人才，是当今高校人才培养的重要目标。

参考文献：

[1] 邬大光，叶美金. 基础学科拔尖人才培养的"道"与"术"[J]. 中国高等教育，2022（8）：18-20.

[2] 阎琨，吴菡，张雨颀. 构建中国拔尖人才培养体系：现状、方向和路径[J]. 中国高教研究，2023（5）：9-16.

[3] 阎琨，段江飞，张雨颀，等. 拔尖人才培养的价值定位和实现路径[J]. 大学与学科，2022（1）：36-47.

[4] 吕成祯，钟蓉戎. 基础学科拔尖学生培养实验班思想政治教育困境及对策研究[J]. 思想理论教育导刊，2014（1）：102-105.

[5] 阎琨，吴菡，张雨颀. 社会责任感：拔尖人才的核心素养[J]. 华东师范大学学报（教育科学版），2021（12）：28-41.

[6] 史秋衡，李瑞. 高校拔尖创新人才培养的价值逻辑、关键要素与路径选择[J]. 中国远程教育，2024（1）：15-24.

[7] STERNBERG R J. WICS as a model of giftedness [J]. High Ability Studies，2003（2）：109-137.

[8] 吴佳楠，夏雪飞. "双一流"背景下高校拔尖人才培养基地建设方案的研究——以计算机拔尖人才培养为例[J]. 电脑知识与技术，2020（35）：87-88.

[9] 刘其军，徐霞，樊代和. 思想政治教育在基础学科拔尖学生培养中面临的问题和任务[J]. 黑龙江教育（理论与实践），2020（11）：45-46.

[10] 曾长淦，刘婷. 基础学科拔尖人才培养的实践及思考——以中国科学技术大学为例[J]. 新文科理论与实践，2023（3）：6-14，124.

计算机拔尖人才培养模式探索

唐 萍

四川大学计算机学院

摘　要：构建拔尖人才培养体系，是当前高校进行教育改革的迫切需求。计算机拔尖人才培养应该紧跟时代步伐，不断改革。从建立科学的选拔和退出机制、加强德育、构建特色鲜明的课程体系、加强学术能力培养等多个方面构建科学的计算机拔尖人才培养体系，力求培养具有高尚品德、爱国情怀、国际视野，专业知识厚，创新能力强的计算机拔尖人才。

关键词：计算机科学与技术；拔尖人才；培养模式

一、引言

当前国际形势复杂多变，世界的发展变化越来越快，社会对高层次人才的需求也越来越大。提高国家的综合国力和核心竞争力是非常重要的，然而综合国力和核心竞争力是以顶尖科技人才为基础的。因此，培养顶尖科技人才是当下国家的重要发展战略。党的二十大报告中提到了要"全面提高人才自主培养质量，着力造就拔尖创新人才"。高等教育是拔尖人才培养的重要途径，高校是培养拔尖人才的主力军（贺灿飞，2024）。

2009年，教育部启动"基础学科拔尖学生培养试验计划"，并在开设多个基础学科专业的17所高校开展了该计划。经过多年的培养实践，又对该计划进行了提升和改进，让更多学科融入进来。四川大学计算机学院基于四川大学实施教育部"基础学科拔尖学生培养试验计划"的丰富经验，依托计算机应用技术国家重点学科，于2013年成立"计算机科学与技术拔尖班"，实施本科拔尖人才培养计划。

二、计算机拔尖人才培养存在的问题

在四川大学"计算机科学与技术拔尖班"（简称"拔尖班"）成立至今的十余年间，本科拔尖人才培养模式一直在不断改进。四川大学计算机学院充分整合学校和学院的各项资源和优势，制定了拔尖学生专属的培养模式：实施小班研讨式教学，开设专题研讨课；打造双语教学课程，与国际接轨；为每名拔尖班学生分配学术导师，鼓励其尽早进入实验室，开展科学实验。然而在实施拔尖人才培养计划的过程中，仍然存在一些问题。

笔者对计算机学院拔尖班学生进行了采访调研，充分听取了学生对培养过程和培养方案的意见。通过拔尖班学生的反馈，笔者发现四川大学计算机学院拔尖人才培养过程主要存在以下问题：（1）选拔机制严格，但考核机制相对宽松。拔尖班选拔一般在大一新生入校后立即开展，选拔机制为学生提交申请，学校统一组织笔试和面试，综合笔试、面试成绩及学科竞赛获奖情况，择优录取。拔尖班学生的考核主要从加权平均分、CCF 计算机软件能力认证、英语成绩、数学成绩、科研训练，以及学术导师、班主任、辅导员考评等方面展开。学生只要认真学习，基本上都不会被淘汰。（2）拔尖班课程设计相对于普通班来说没有太大的区别，且以中文授课的课程居多，双语课程有待进一步建设。（3）拔尖班学术交流活动比较少。（4）学生与学术导师和班主任的交流较少，没有充分发挥学术导师和班主任的作用。（5）拔尖班学生的思想教育还需进一步加强。

三、计算机拔尖人才培养模式探索

针对计算机拔尖人才培养中出现的问题，笔者结合四川大学计算机学院的特点，对计算机拔尖人才培养模式提出以下几点完善建议。

1. 完善拔尖人才选拔和退出机制

学校要完善现有的拔尖人才选拔及退出机制，严进严出。目前计算机学院拔尖人才选拔主要根据笔试、面试成绩。其中笔试主要考查学生的基础知识、专业知识能力，面试主要考查学生的沟通能力以及科研能力。笔者认为，在选拔时尤其要注重学生的思想品德，良好的思想品德是拔尖人才成长的基础，必须将思想品德作为选拔的第一标尺。此外，笔者建议采用动态的退出机制，让学习能力较弱和对本专业没有兴趣的学生退出培养计划，将其他学习能力优秀的学生选拔进入培养计划，确保拔尖班学生的高质量发展。

2. 加强对拔尖人才的德育

在五育（德智体美劳）中，德育是处于首要位置的。"德"是一个人成才最重要的品质，"立德树人"里也是先立德而后树人。在学生的教育中，德育是最重要的，一个学生成绩再好，如果没有"德"，也很难坚持为国家做贡献。因此，在拔尖班人才的培养过程中，要加强德育，引导学生树立正确的人生观、价值观和世界观。学生的德育绝对不只是辅导员一个人的事，要充分利用学校和学院的资源，形成"专业课老师进行课程思政、学术导师进行价值引领、辅导员进行思想教育、党员干部起引领模范作用"的全员育人体系，从各个方面对拔尖班学生进行德育，并在拔尖班学生的选拔和考核中切实将德育作为重要标准，严格执行。

3. 构建特色鲜明的拔尖人才课程体系

培养方案是开展人才培养的基本举措，而课程体系是培养方案的主体，是拔尖人才培养计划实施的重要载体。四川大学坚持"以世界一流的课程体系培养世界一流的拔尖人才"，力求构建特色鲜明的课程体系。课程体系的架构质量直接影响人才培养的质量。因此，融合课程思政育人理念，依托学院专业平台和计算机专业特色，结合多学科交叉特点，注重产业实际和社会需求，构建具有四川大学特色多元化的计算机科学拔尖人才培养课程体系是非常重要的。笔者认为，可按阶段将课程体系分为两个部分——基础课和科学课。第一阶段主要开设基础课，如数学、英语、人文素养类、思想政治类的专业课，重点关注学生的基础知识储备。第二阶段主要开设科学课，如一些前沿性、交叉性的专业课、科学特色课、研讨课和专业实践课，力求培养学生的创新力和专业拓展能力。在计算机拔尖人才培养过程中，要融入思想政治教育，并结合社会需求和产业需求，完善课程体系，力求实现拔尖人才培养与社会接轨。

4. 加强拔尖人才的学术能力培养

学术交流有交流信息、开阔视野、掌握新知识的作用，学生通过学术交流可以进行思维的碰撞，不仅有利于智慧的启迪，也有利于创造力的培养和创新力的激发。学校及学院要为拔尖班学生提供更多的学术交流机会，并将学生参加学术交流（如学术讲座、学术会议）的情况明确纳入考核，鼓励学生以口头报告、展报或者其他形式积极参与学术交流，提高其进行学术交流的积极性，激发其创新力。

学校还要充分发挥班主任和学术导师的作用。四川大学计算机学院为拔尖班学生配置了学术能力强、工作能力强的班主任。学院要加强对班主任的考核，鼓励学生与班主任多交流，用班主任学术影响力和个人魅力的辐射作用，提升拔尖人才的培养质量。要充分发挥学术导师的作用，让拔尖班学生尽早进入实验室有计划地开展科研训练，切实提高科研能力。

四、结语

四川大学计算机学院从 2013 年成立"计算机科学与技术拔尖班"，至今已十余年。针对拔尖人才培养中存在的一些问题，笔者提出了以下建议进行改进：完善拔尖人才选拔和退出机制、加强德育、构建特色鲜明的拔尖人才课程体系和加强拔尖人才的学术能力培养。笔者相信，改进后的拔尖人才培养模式可以更好地契合国家的需求，为国家和社会输送人才。

参考文献：

[1] 潘孝楠，吴优. 高校拔尖创新人才的培养模式与路径探索［J］. 党政论坛，2024（1）：53－56.

[2] 贺灿飞. "拔尖计划" 2.0 背景下的新时代地理科学拔尖人才培养［J］. 中国大学教学，2024（Z1）：4－12，2.

[3] 常丽丽. 我国基础学科拔尖人才培养政策内容量化分析——基于 2009 年以来国家级教育政策文本［J］. 辽宁师范大学学报（社会科学版），2024（1）：98－104.

科技创新型拔尖人才核心价值观的特征和形成
——以四川大学基础学科拔尖人才培养为例

王筱珺　任俊文　赵莉华

四川大学教务处

摘　要：当今世界的发展是以科学技术为先导的发展，而科学技术的发展主要依赖于科技创新型拔尖人才。高校作为培养科技创新型拔尖人才的主阵地，肩负着重要使命。拔尖人才的核心价值观是其发展的驱动力，培养良好的核心价值观有助于拔尖人才实现更好的成长，为社会带来更大的贡献。本文说明了科技创新型拔尖人才核心价值观的典型特征，并基于四川大学基础学科拔尖人才培养实践，阐述其形成过程，以期为更好地促进拔尖人才的教育与发展提供一定的借鉴。

关键词：科技创新；拔尖人才；核心价值观

党的二十大报告强调："坚持为党育人、为国育才，全面提高人才自主培养质量，着力造就拔尖创新人才，聚天下英才而用之。"培养拔尖创新人才，是时代和人民的强烈期盼，也是党和国家事业继往开来的迫切需要。我国正处于深入实施科教兴国战略、人才强国战略、创新驱动发展战略的关键时期，拔尖创新人才培养工作已跨入新阶段。

科技创新型拔尖人才为推动社会发展贡献了巨大力量。科技创新型拔尖人才是科技创新的后备军，为科技发展提供源源不绝的智力支持。科技创新型拔尖人才的核心价值观是驱动其进行一切科学探索活动的力量源泉。

高等教育阶段是拔尖创新人才核心价值观的"奠基期"，如何在这一重要阶段培养学生树立科技创新精神、吃苦耐劳精神、敢闯敢拼精神及无私奉献精神等，是当前广大高等教育工作者面临的"时代考题"。

本文聚焦科技创新型拔尖人才的培养，阐述其核心价值观的典型特征，并基于四川大学基础学科拔尖人才培养实践，总结了科技创新型拔尖人才核心价值观形成的过程，期望为我国科技创新型拔尖人才培养提供一定的经验参考。

一、科技创新型拔尖人才核心价值观的典型特征

笔者认为，作为世界科技发展的驱动者，科技创新型拔尖人才核心价值观的典型特征主要有以下几个。第一，有较强的社会责任感，具有奉献精神和牺牲精神，能够舍小为大。在追求科技发展的道路上，科技创新型拔尖人才具有良好的职业道德和职业操守，当个人利益与集体利益发生冲突时，能够舍弃个人利益，以集体利益为重，使群体效能最大化；能合理妥善地处理好个人与集体的关系，在保全集体利益的基础上获得突破性的创造成果，为社会做出积极贡献。第二，对科学真理孜孜以求，盘根究底。科技创新型拔尖人才会对科学现象抽丝剥茧，做到知其然并知其所以然，剖析每个实验现象背后的科学原理，并不断思考现象发生的原因，深挖深究，遇到困难不轻言放弃，不打退堂鼓，执着向前。第三，具有深厚的科学素养、强大的创新精神和创新能力。科技创新型拔尖人才应致力于引领和带动某一专业领域创造性的发展，推动科技成果的创造、传播、应用等，为国家和社会发展做出贡献。

简言之，科技创新型拔尖人才核心价值观的典型特征为有奉献精神、探索精神、牺牲精神、执着精神及创新精神。

二、科技创新型拔尖人才价值观的形成——以四川大学为例

为更好地落实"立德树人"根本任务，充分发挥研究型综合大学在基础学科拔尖人才培养中的主阵地作用，四川大学于2023年5月审议通过《新时代四川大学基础学科拔尖人才培养实施方案》（简称《实施方案》），着力培养基础学科拔尖人才。拔尖人才作为科创主力军，其核心价值观在一定程度上影响着拔尖人才的发展和对社会的作用力。基于四川大学拔尖人才培养实践，笔者从以下四个方面论述科技创新型拔尖人才核心价值观的形成。

（一）在三大基础学科培养平台下形成核心价值观

为了充分彰显自身学科建设的综合优势和文理工医的培养特色，四川大学建设了"文（汉语言文学）史（历史学）哲（哲学）""数（数学与应用数学）理（物理学）力（工程力学）""化（化学）生（生物科学）医（基础医学）"三大基础学科培养平台。基于上述平台，科技创新型拔尖人才能够接触到大量的优质资源，通过与不同专业、不同领域、不同思维深度的优秀学生进行交

流，不断明确人生目标并为之不断努力。四川大学通过开展不定期的学术交流讲座、社会团体活动、实验探索课堂等，促进不同平台的拔尖学生进行思想交流、价值互补等，从而引导拔尖学生塑造积极正确的价值观，这有利于推动科学研究的发展、社会和科学技术的进步。当然，科技创新型拔尖人才处于纷繁芜杂的社会生活中，其思维状态、生活方式、自身追求随时都在发生变化。在三大基础学科培养平台的引导下，他们不断进行自我审视，在实践中积极总结经验，在发展中超越自我，逐渐形成稳定的核心价值观。

（二）在本硕博跨学段贯通衔接培养过程中形成核心价值观

科技创新型拔尖人才大多需要接受本硕博跨学段贯通衔接培养。四川大学鼓励有发展潜力的学生通过本硕博跨学段贯通衔接培养成为面向国家急需关键领域等交叉学科专业的拔尖人才。《实施方案》从培养计划、培养方式、课程体系等切入，完善本硕博跨学段贯通衔接培养体系，强化对拔尖学生跨学科学习能力和创新转化能力的培养。科技创新型拔尖人才在接受本硕博跨学段贯通衔接培养过程的不同阶段逐步形成个人核心价值观。具体来讲，在本科阶段，通过学习专业基础知识，初步搭建知识框架，稳扎稳打，形成吃苦耐劳的学习精神；在硕士研究生阶段，掌握好可能属于自己未来研究方向的"敲门砖"，在已经搭建好的知识框架上不断添砖加瓦，夯实自己的专业能力，做好向博士研究生阶段过渡的准备；在博士研究生阶段，秉持对科学真理的求知精神，对科学现象和科学表现刨根究底，吃深吃透每一个科研细节，不断创新，不断进步，在丰富科学素养的基础上形成吃苦耐劳、敢于突破自我的核心价值观。

（三）在跨学科导师组学习制度下形成核心价值观

为高质量培养拔尖人才，四川大学为拔尖学生配备"学业导师+学术导师"，针对学生的不同发展规划，为有志于往跨学科专业方向发展的拔尖学生配备跨学科导师组，这些导师有相当一部分为"国字号"人才。尤其是在科技创新型拔尖人才的培养中，导师是重要的科研领路人。融洽的师生关系，不仅有益于拔尖学生的身心健康发展，还能够加强科研思维的碰撞，促进科研成果的产出。良好的科研团队氛围，能够加强科技创新型拔尖人才创新精神的培育。创新既不是闭门造车，也不是执拗地独立前行，而是与导师及其他科研者在一次又一次的讨论交流中萌发新想法，并肩协作，推动科研的进步。这也是科技创新型拔尖人才核心价值观形成的路径，使他们形成善于独立思考而不固执己见，善于交流分享而不狂妄自大，善于与人合作而不闭门造车，善于勇敢创新而不安于现状的核心价值观。

（四）在学科国（境）外联合培养过程中形成核心价值观

四川大学支持基础学科拔尖计划实施学院与世界名校名企、一流科研院所或国际组织等签订合作培养协议，以多种形式联合培养研究生，共建人才培养基地，形成联合培养拔尖人才的良好机制。科学研究不分国界，这也要求科技创新型拔尖人才培养机构努力做到"走出去，引进来"，使科技创新型拔尖人才走出国门，与世界各国人才分享经验及研究思路，激发新的灵感并继续开展研究。在这个过程中，科技创新型拔尖人才能逐渐形成乐于奉献和牺牲自我的精神，树立良好的核心价值观。

三、结论

科技创新型拔尖人才是科技发展的"元资源"，是科学技术进步的驱动力，其核心价值观是促进社会科技进步的重要内因。作为科技发展的主力军，科技创新型拔尖人才应该具有较强的吃苦耐劳精神、奉献精神、探索精神、自我牺牲精神、执着精神及创新精神等。本文说明了科技创新型拔尖人才核心价值观的典型特征，并基于四川大学基础学科拔尖人才培养实践，阐述了在三大基础学科培养平台、本硕博跨学段贯通衔接培养过程、跨学科导师组学习制度下及学科国（境）外联合培养过程中如何形成核心价值观，希望为各大高校更好地培养科技创新型拔尖人才提供参考和借鉴。

参考文献：

[1] 梁赫鑫. 科技创新型拔尖人才的核心价值观 [D]. 天津：天津大学，2011.
[2] 马永霞，葛于壮，梁晓阳. 高校拔尖创新人才培养的价值内涵、实践审视与路径优化 [J]. 西北工业大学学报，2023（2）：30－37.
[3] 胡晓锋，章伟，刘楠. 高校科技创新型拔尖人才成长及培养策略的探究 [J]. 教育理论研究，2015（2）：132－133.
[4] 曾百功，余艺. 浅析科技创新体制下的大学生拔尖创新型人才培养模式 [J]. 教育教学论坛，2015（46）：94－95.

论人工智能对文科基础学科拔尖人才培养的启示

胡楠芳

四川大学历史文化学院

摘　要：人工智能与高等教育结合事关我国发展全局，新文科建设的任务之一便是推动哲学社会科学与新科技革命交叉融合，利用人工智能推动文科基础学科拔尖人才培养势在必行。以人工智能为突破口，可以弥补既往培养模式在教育资源配置、教育观念、培养理念、培养方法等方面的缺陷，实现文科基础学科拔尖人才培养在知识体系、知识范式和知识逻辑等方面的突破，为新文科基础拔尖人才培养提供优秀经验。

关键词：文科基础学科；拔尖人才培养；人工智能

经过30余年的探索，基础学科拔尖人才培养在2018年启动了"拔尖计划2.0"，中国语言文学、历史学、哲学、经济学等文科学科首次被纳入其中，成为推动高等教育高质量内涵式发展的中坚力量。2020年11月30日，教育部新文科建设工作会议在山东大学（威海）召开。会议发布了《新文科建设宣言》，对新文科建设作出了全面部署。人工智能的概念于20世纪50年代被提出，2010年后，深度学习的发展大大拓宽了人工智能的领域，并深刻地改变人类社会生活、改变世界。基础学科拔尖人才培养是新文科建设的重要环节，推动人工智能与其深度融合势在必行，每个高校教育工作者都必须深思。

一、人工智能与文科基础学科拔尖人才培养结合的必要性

2016年，习近平总书记在哲学社会科学工作座谈会上指出："一个国家的发展水平，既取决于自然科学发展水平，也取决于哲学社会科学发展水平。一个没有发达的自然科学的国家不可能走在世界前列，一个没有繁荣的哲学社会科学的国家也不可能走在世界前列。"

新文科建设旨在适应新时代的发展需求，推动文科教育的创新和转型。教育部、科技部等 13 部门在启动"拔尖计划 2.0"时则明确提到，新文科建设必须推动哲学社会科学与新科技革命交叉融合，这意味着国家已经意识到，哲学社会科学的繁荣与新科技革命成果无法分割。围绕这一重大战略任务，《新文科建设宣言》作出了全面部署。其核心要义是立足新时代，回应新需求，促进文科教育的融合化、时代化、中国化和国际化。《新文科建设宣言》强调了新时代背景下，文科教育必须加快创新发展，以提升综合国力，坚定文化自信，培养时代新人，建设高等教育强国，推动文科教育的融合发展。

　　人才资源是党和国家的宝贵财富，也是社会主义现代化建设的首要资源。新文科建设的目标之一就是通过改革创新，强化拔尖人才的理想信念、综合素质和创新能力，强调以大数据和人工智能为抓手，以教育评价改革为动力，以协同联动为原则，不断优化建设路径，提升建设水平。

　　文科基础学科拔尖人才培养是走好人才自主培养之路，加强新文科建设，落实教育强国、文化强国的关键，但非一日之功，也非一日之效。"基础学科拔尖学生培养计划 2.0"是对"基础学科拔尖学生培养计划"的拓展和深化，旨在加快培养哲学、经济学、中国语言文学、历史学等文科基础学科的拔尖人才，为把我国建设成为世界主要科学中心和创新高地奠定人才基础。为此，教育部分 3 批遴选了 70 多个文科基础学科拔尖学生培养基地，为我国基础学科拔尖人才的培养提供了坚实的平台和有力的支持。

　　2018 年，为贯彻落实《国务院关于印发新一代人工智能发展规划的通知》和 2017 年全国高校科技工作会议精神，教育部制定了《高等学校人工智能创新行动计划》，以引导高校瞄准世界科技前沿，强化基础研究，实现前瞻性基础研究和引领性原创成果的重大突破，进一步提升高校人工智能领域科技创新、人才培养和服务国家需求的能力。在 2024 年 QS 世界大学排名前 100 位的高校中，有 71 所发布了将人工智能应用于教育的指南，可见人工智能与教育融合成为大部分一流高校的基本共识。可以说，从繁荣哲学社会科学的基本考量出发，乘新文科建设之东风，文科基础学科拔尖人才培养与人工智能融合具有更强的战略意义。在数字技术蓬勃发展与普及的智能时代，人工智能作为新文科建设的有效媒介，将对文科基础学科拔尖人才的发展产生重大影响。

二、文科基础学科拔尖人才培养

　　经过 30 多年的发展，我国文科基础学科拔尖人才培养成效突出。以四川大学为例，自 2018 年将汉语言文学、历史学、经济学等文科学科纳入"拔尖计划 2.0"以来，川大中国语言文学、历史学拔尖学生培养基地相继入选教育部"拔尖计划 2.0"，培养政策也从原来的"两制三化"探索调整为"一式三制三化"，重点推进本硕博贯通式培养、学分制、导师制、书院制。随着探索进一步加强、加深，大部分学者也意识到文科基础学科拔尖人才培养尚且存在一些问题。

（一）教育资源配置有待均衡化

我国教育资源在地区之间、学校之间存在一定差异，部分学校即使享有国家给予的多重培养红利，并将其投入文科基础学科拔尖人才的培养中，依然表现出资源有限的掣肘。例如，与北京、上海等地的高校相比，四川高校在教育资源的国际化等方面就明显不足。这势必影响拔尖人才的培养和发展。

（二）教育观念有待进一步更新

在教育观念方面，文科基础学科普遍强调理论的学习，受此影响，文科基础学科拔尖人才经常被定义为在学术领域有突出成就的个体，这种定义可能忽视了人才的多样性和广泛性。实际上，拔尖人才不应仅局限于学术研究领域，也应该成为各行各业的领军人物。现行环境之下，教育观念愈发强调实践，格外注重"绝知此事要躬行"的身体体验。而文科基础学科拔尖人才在教育观上对与实际应用结合的重视依然不够。长远来看，如此模式下培养出的人才也难以满足社会和产业发展的实际需求。

（三）培养理念有待进一步长远化

在现行教育体系中，基础学科拔尖学生一般来自高考选拔、校内二次选拔两种途径，通过选拔后基本接受本硕博贯通式培养。随着高考、就业等环境的变化，文科基础学科的学生更多地将拔尖序列作为最优选择，部分学生过分追求考试成绩，对自身未来缺乏长远的打算和系统的认识。部分高校在制订拔尖人才培养计划时过分追求学术成就，忽视了学生的心理健康和综合素质的培养。这也提醒我们，拔尖人才的培养不仅要注重知识和技能的积累，更要关注情感、态度和价值观的塑造。

（四）培养方法有待进一步个性化

当前，针对文科基础学科拔尖学生培养的方针，诸多学校已摸索出书院制、"泛拔尖"等模式，引入学术导师、班主任等加入培养队伍。但文科的学科特性决定了个体经验的重要性，可惜的是现有教育模式一般采用"一刀切"

的方式，学生个性化的需求和发展往往被忽视，尤其是文科基础学科的学生，他们在接受拔尖学生培养之初，都具有一定的个性。如何在同质化的教育模式下，葆有他们的个性特征，最大化地挖掘其发展潜能，是高校教育工作者必须思考的。

三、以人工智能为抓手加强文科基础学科拔尖人才建设之路径

笔者认为，为了解决以上问题，需要从政策、理论及实践层面进行系统深入的研究和改革，这离不开国家、政府、高校的齐心协力。正如教育部高等教育司副司长武世兴所言："'数字时代，教育何为'成为世界各国共同思考的时代命题。如何将人工智能与高等教育结合起来，事关我国战略全局。高等文科教育要积极应对人工智能带来的挑战和影响，把握人工智能带来的机遇和发展空间，从被动应变转为主动求变，将人工智能与新文科建设有机融合，推动构建文科拔尖人才自主培养体系。"为此，深度挖掘和利用人工智能技术对文科基础学科拔尖人才建设的启示和机遇成为教育工作者的新起点。我们不妨从以下方面入手：

（一）利用人工智能技术丰富教学资源的呈现手段，促进融合的知识体系建立

智能时代教学资源能够实现最大化的共享。当前高校资源联盟在图书馆资源共享、学生交流与联合培养、实验室和研究中心交流合作方面成效突出，未来在在线课程和远程教育上寻求更大的突破空间的希望较大，如中国的"爱课程"、美国的 edX 和 Coursera 等平台，为学生学习跨校选修课程，共享优质教学资源提供了较大支持。当越来越多的高校加入其中，资源配置将实现最大化均衡。尤其是文科学科，当拔尖人才有机会与诸多国际国内学术大师交流时，他们的视野会扩宽，经验会增加，并找到符合自身偏好的个性化的学习资源。如此一来，文科基础学科拔尖人才便能立足"具备扎实的基础知识和能力"标准，打破专业壁垒、地域壁垒、学校壁垒，构建起跨学科、国际化的立体的专业知识体系。

（二）利用人工智能技术更新授课方式和工具，实现学生知识研究范式的转变

以清华大学为例，该校在 2023 年 9 月启动了人工智能赋能教学的工作，并计划于 2024 年开展 100 门人工智能赋能教学试点课程，利用人工智能辅助

或深度介入课程，打造人工智能助教、人工智能教师，持续创新教学场景，提升教与学的效率与质量。以人工智能来搭建新型课程平台是高校教育的发展方向，在授课过程中，教师可以通过虚拟实境（VR）和增强现实（AR）、在线协作工具、智能辅导系统或者个性化教学等方式，创造沉浸式学习环境，了解学生的具体情况，促进拔尖学生的合作和整体提升。这样既便于弥补文科基础学科在人工智能赋能教学方面的不足，也能实现高校的特色教学，凸显个体特征，形成优秀经验。

（三）利用人工智能技术实现知识逻辑的变革，优化能力体系和专业标准

人工智能为文科研究提供了新的工具和平台，如文本挖掘、语义分析等，这些技术可以帮助文科基础学科拔尖人才训练在海量文献中快速发现知识要素的能力，加速建立知识谱系，从而革新知识，孵化新的研究范式。更重要的是，人工智能的发展促进了文科学科专业的进步和发展。比如，四川大学历史文化学院白珊珊老师尝试利用人工智能辅助学生史学能力的训练，训练内容既包括简单的翻译，也涉及繁复的译注与校对；既涉及讲座文字的整理，也包括文本与图像的互动生成等。在此过程中，史学知识以灵动的、春风化雨般的形式在学生身上产生化学作用，促进他们的知识逻辑发生新变，学生学习能力的评价体系也得以优化。久而久之，人工智能时代新文科建设的评价将避免专业和培养方式的"碎片化"，实现评价主体的多元化和评价标准的科学化、多样化，文科基础学科拔尖人才也能更好地适应"问题＋需求"的双导向，服务于国家需求领域。

四、结语

新文科建设把"立德树人"作为人才培养的关键，并体现在文科建设的每个环节。文科基础学科拔尖人才培养应时代要求而生，更呼唤高校教育工作者在人才培养过程中将"立德树人"的根本任务落到实处。先进的人工智能技术是高校融合科技的有利媒介，以此为窗口，将打开文科基础学科拔尖人才培养的思路，解决既往过程中暴露出的资源配置、教育理念、培养理念、培养方法上的问题，从而促进学生建立起融合的知识体系，转变既往知识逻辑，生成新的知识范式，为国家培养德才兼备的新文科人才。

参考文献：

[1] 赵奎英. 试谈"新文科"的五大理念[J]. 南京社会科学, 2021（9）: 147-155.

[2] 杨皓岚. 周蓾晓. 肖世维. 高水平研究型大学基础学科人才培养的实践与思考——以四川大学"拔尖计划2.0"为例[J]. 中国多媒体与网络教学学报, 2022（7）: 74-77.

[3] 张亮. 施佳欢. 文科基础学科拔尖学生培养：理念认知与实践行动——基于全国文科拔尖基地的调查[J]. 中国高教研究, 2023（11）: 70-78.

[4] 白珊珊. 历史与AI的距离|用人工智能辅助史学训练: 一个高校教师的经验. [EB/OL]. 澎湃新闻.（2024-4-11）[2024-4-13]. https://baijiahao.baidu.com/s?id=1796011612314249154&wfr=spider&for=pc.

探索大中学校有机衔接
着力培养青少年拔尖创新后备人才
——四川大学"中学生英才计划"人才培养探索与实践

尹 进 杨皓岚

四川大学教务处

摘 要：基础学科拔尖创新人才培养是高等教育强国建设的重大战略任务，其后备人才的挖掘和培养是高校拔尖创新人才培养计划的重要组成部分。本文通过对四川大学"中学生英才计划"人才培养十余年的工作实践梳理，从具体举措、培养成效、问题及解决策略等方面进行了系统分析与研究，以期探索构建大中学校融合发展的有机衔接机制，切实提升青少年拔尖创新后备人才的培养质量。

关键词：大中学校；衔接；中学生英才计划；拔尖创新后备人才

基础学科是国家创新发展的源泉、先导和后盾。基础学科拔尖人才的培养是高等教育强国建设的重大战略任务。为了贯彻落实《国家中长期人才发展规划纲要（2010—2020年）》，中国科协、教育部于2013年联合启动了"中学生科技创新后备人才培养计划"（简称"中学生英才计划"）。该计划已在58所高校中进行了十余年的有效实施，为国家输送了一批基础学科拔尖创新后备人才。2018年、2022年"中学生英才计划"分别被写入《关于实施基础学科拔尖学生培养计划2.0的意见》《"十四五"教育发展规划》和《关于加强基础学科人才培养的意见》。2023年，中国科协、教育部办公厅联合印发了《"中学生英才计划"高质量发展三年行动计划（2023—2025年）》，将其纳入国家拔尖创新人才培养计划的重要组成部分。

四川大学作为首批"中学生英才计划"培养试点高校，十余年来，积极落实国家人才培养战略，秉承"优质资源服务于社会，精英教育延伸至中学"的原则，共选拔培养了 392 名品学兼优、学有余力、具有创新潜质的优秀高中生。四川大学注重转变观念，在组织保障、导师配备、学生遴选等方面创新管理机制，开放优质教育资源，创新培养模式，积极探索构建大中学校联合发现和培养青少年科技创新后备人才的有效模式，着力培养一批基础学科拔尖创新后备人才。

一、四川大学"中学生英才计划"人才培养工作具体举措

（一）转变观念，创新管理机制

通过十余年的实践和探索，学校相关部门越来越深刻地认识到，基础学科拔尖创新人才的培养，不应仅限于本科教育，还应联合高中学校，发掘具有基础学科潜质和兴趣的中学生进入高校，建立"使命驱动、兴趣导向、名师引领、非功利化"的"中学英才计划"培养模式，为高校输送一批优秀的、具有坚定志向的基础学科拔尖后备人才。

四川大学创新管理机制，将"中学英才计划"纳入学校创新人才培养体系。依托数学、物理、化学、生物、计算机等 5 个国家及省部级基础学科拔尖计划培养基地，充分利用高水平师资和优质教育资源，搭建了良好的人才培养平台。同时，加强"中学生英才计划"与国家"基础学科人才培养计划"的统筹管理，促进两项计划的深度融合，切实提高人才培养质量。

（二）组建高水平导师团队

2013 年以来，四川大学为"中学生英才计划"学生（简称"英才学生"）配备了包括高洁、王玉忠院士以及国家杰出青年基金获得者、教学名师等 31 名著名专家组成的导师团队，每个导师团队还组建了高水平教师参加的培养团队，为英才学生实现科学梦想保驾护航。

（三）选拔优秀学生

十余年来，四川大学教务处组织导师团队对约 1300 多名学生进行了面试选拔。各导师团队采用学生单独面试的方式，并参考中国科学技术协会提供的学科潜质测试成绩，在轻松活跃的氛围中，通过提问、交谈，了解和考查学生的兴趣志向、知识背景、学科潜质、沟通交流能力、逻辑思维能力等多方面的综合素质和能力，共录取了 392 名具备一定的基本学科潜能和创新探索精神的优秀学生进校培养。

（四）开放优质资源

首先，四川大学开放国家及省部级重点实验室资源，支持学生进实验室、进课题组、进导师团队，提升科研能力。

其次，开放国际课程周、优质学术讲座以及"玉章科技月""荣誉论坛"等资源。

为拓宽英才学生的学术视野，培养其学科兴趣和科研能力，四川大学通过精心组织和安排，积极为英才学生开放优质学术讲座和国际课程周课程，提供近距离接触中外高水平学者的机会，让英才学生有更多机会聆听国际一流大学教授授课。例如，2017—2019 年四川大学遴选了来自哈佛大学、剑桥大学等世界一流大学的教授为本科生开设基础学科相关全英文课程 105 门，共有 13 位英才学生选课，其中 7 位通过考核，取得了优秀成绩，并获四川大学"'实践及国际课程周'学习证明"。在 2023 年 6—7 月为期 2 周的"实践及国际课程周"期间，教务处组织"中学生英才计划"导师，从来自剑桥大学、牛津大学、浙江大学等国内外一流高校专家学者开设的 147 门线上/线下全英文课程中，选出适合英才学生选修的高水平课程 12 门，共有 12 位英才学生在导师指导下旁听了上述课程。

近年来，每年的 10—12 月，四川大学教务处专门安排英才学生与我校吴玉章学院、基础学科"拔尖计划"及"强基计划"学生一道，参加"玉章科技月""荣誉论坛"等活动。2023 年 12 月举办的"玉章科技月"共有 17 名英才学生报名参会，他们和来自中国大学"书院共同体"的 5 所高校的优秀荣誉学生以及四川大学玉章书院"拔尖计划""强基计划"的学生一道，在"生命健康与能源环境""数理科学与信息技术""文明互鉴与全球治理"三大主题板块开展学术交流，与学术大师近距离接触，跨校跨专业研讨对话，共享学术盛宴。在频繁的思想碰撞中，英才学生拓宽了学术视野，激发了学习兴趣。

最后，四川大学为英才学生开放图书馆、校史馆、历史文化博物馆、自然博物馆等优质的馆藏资源，进一步激发其科研兴趣。

（五）创新培养模式

1. 以兴趣为导向，多形式个性化培养

各导师团队在充分尊重英才学生学科兴趣的基础上制订了能够最大限度发展其兴趣专长和开发其优势潜质的个性化培养方案。该方案前期注重普适性与个性化教育相结合，通过参观实验室和博物馆、老生经验分享等方式，激发英才生的学习兴趣；通过开设专题课程、学术讲座等形式，让英才学生了解学

科动态和学科前沿，从中选择感兴趣的研究方向。普适性教育后，根据学生的学科兴趣和实际，引导英才学生选定课题，并积极开展文献调研和各项课题研究工作。注重学生实践动手能力、科研能力的培养，让学生在实践过程中发现问题，解决问题，提高思维与创新能力。组织英才学生定期进行学术讨论、课题汇报，让他们体验学术研究氛围，培养学术批判意识和独立思考能力并树立严谨的科研态度。最后进行学术报告、论文撰写等，实现了其科研能力的提升。

2. 创新培养方式，提升实验动手能力

导师团队积极探索多种形式的培养方式，以微信、QQ或超星学习通等为教学平台，开展线上和线下多种形式的全方位指导。对于部分不能到校的英才学生的实验动手能力培养，导师团队探索出一条新的培养路径：充分利用校、院以及教育部"国家虚拟仿真实验教学课程共享平台"，开展虚拟仿真实验教学，作为到校实验的补充。例如，生命科学学院赵建导师团队，以四川大学生物科学与技术虚拟仿真实验平台为支撑，利用虚拟实验课程和数字化教学标本等资源，开展生命科学系列虚拟实验、实验室仪器设备使用虚拟训练等教学，并通过后台统计学生参与实验项目的人数和参与时长，确保训练效果。英才学生普遍反馈，这种培训形式更为灵活，能帮助他们充分利用课余时间，提高学习效率和学习兴趣，为到校正式开展实验打下了坚实的基础。

二、四川大学"中学生英才计划"人才培养成效

（一）感受名师魅力，确立理想信念

四川大学为英才学生配备了由名师、大家组成的导师团队，提供了与一流专家学者面对面交流、学习的机会。在理想信念及品行的涵养过程中，通过导师团队的价值引领，英才学生对奉献精神、科研精神有了更为清晰的认识。

（二）激发科学兴趣，提升科研能力

四川大学通过多年努力，不断完善培养方案，让参与计划的学生对基础学科研究产生了浓厚的兴趣，增强了他们的逻辑思维和主观能动性，提升了发现问题、分析和解决问题的能力，科研素养显著提升。例如，化学学院游劲松教授指导的2019年英才学生葛逸飞，于2019年6月代表中国参加在土耳其举办的国际科学能源与工程大奖赛，获得国际组化学学科一等奖。

(三)挖掘自身潜能,坚定科学志向

通过学科导师的引导和培养,英才学生领悟了专业知识的魅力,体验了科研乐趣,并不断挖掘自身潜能,坚定毕生科研志向。例如,就读于数学学院拔尖班的牛睿杰,曾于2017、2018年连续两年参加"中学生英才计划",师从四川大学数学学院张伟年教授。牛睿杰参加了中国科学与技术协会举办的"2023年中国青年英才论坛",并获得优秀学员证书,同时还入围第30届丹麦青少年科学家竞赛,参加第三届世界顶尖科学家大会并发言。他曾感慨道:"正是在英才导师的引领下,我感受到了数学的魅力,并一步一步深入数学世界,踏上了数学研究之路。"目前牛睿杰已保研至四川大学数学学院,继续在基础数学领域深造。

十余年来,四川大学共选拔培养了392名英才学生。据不完全统计,约73%的英才学生考入清华大学、北京大学、四川大学等双一流高校。16名英才学生考入剑桥大学、密歇根大学等国外名校。16名英才学生被清华大学、北京大学、复旦大学、浙江大学、上海交通大学等高校选拔进入基础学科"拔尖计划"。24名英才学生被评为全国优秀学员。66名英才学生参加青少年科技创新大赛,其中62人在省级赛事获奖,4人在国家级赛事获奖。综上,四川大学"中学生英才计划"为各高校输送了一批具有崇高理想、坚定志向和较高科研能力的高素质基础学科拔尖创新后备人才。

三、"中学生英才计划"实施过程中存在的问题及解决策略

四川大学"中学生英才计划"已实施了十余年,虽然培养了一大批拔尖创新后备人才,且其中不乏在基础学科不断耕耘并取得突出成绩的优秀学子,但仍存在一些问题,需要我们在实践中不断改进和完善。

(一)存在的问题

笔者认为,目前四川大学"中学生英才计划"在实施过程中还存在如下问题:

(1)在当前教育制度下,大中学校在教学理念、教学方法、师资、课程等方面的选择及实施还处于脱节状态(伍宸等,2021),这导致部分英才学生不能很快适应大学教学方式,出现学习困难。

(2)学科潜能人才的评价标准及早期识别机制有待建立。

(3)部分家长、学生对高等教育认识不足,导致部分英才学生在进入大学

后学习目标不明确、学习主动性不强，影响培养效果。

（二）解决策略

基础学科拔尖人才的培养是一项长期的系统工程，不仅需要高校，还需要中小学校乃至家庭社会协同并进（吉丽君，2012）。其中高中阶段是学生人生观、价值观以及学科兴趣趋于定型的关键期，需要各级教学部门在人才培养理念、师资、课程、方法等方面建立有效的衔接机制，从中学的基础知识、学科兴趣到大学的综合素质、专业能力、创新精神、学科志向等方面不断培养提升，以实现人才的可持续发展。

1. 加强各级教学部门的合作

近年来，在高考改革方案的影响下，四川大学与成都、绵阳、德阳、泸州、宜宾等地十多所四川省示范高中签订了战略合作协议，重点聚焦基础学科和科技前沿，推进"中学生英才计划"和"拔尖计划2.0""强基计划"有机衔接，共同探索前置选拔和联合培养机制，从拔尖创新人才的早期识别、人才共育、课题共研、特色共创等方面开展探索与创新。

2. 深入开展人才前置培养

四川大学正在筹备，将与签订战略合作协议的高中一道，通过构建拔尖创新人才的早期识别机制和综合素质评价方案，选拔有潜质的优秀学生组建"川大班"，深入开展人才前置培养。四川大学将通过配备高水平导师，开设大中衔接课程，将高校优质的通识课程送给高中生，通过将大学慕课、虚拟仿真实验等学习平台推送进高中学校，大中学校导师协同指导学科竞赛等举措，共同发掘和培养有学科兴趣和潜质的拔尖创新后备人才。

另外，对于有意向申报"中学生英才计划"的学生，四川大学会组织基础学科各英才导师团队，推荐相关学科的参考文献，提出需要提前了解和掌握的学科知识、基础实验技能，以及文献检索及阅读、数据分析、科研计划和报告撰写等科研需要的知识和技能，为学生参加"中学生英才计划"培养做好前期准备。

3. 与校内拔尖创新人才选拔衔接

从2022年开始，四川大学在基础学科"拔尖计划"学生选拔工作中，率先在全国推行以下政策：参加"中学生英才计划"培养并取得合格证的学生，可直接获得"拔尖计划"的申请资格。据统计，有6名优秀英才学生被选拔进入基础学科"拔尖计划"和"强基计划"，继续在基础学科开展学习和研究。

4. 与中学学科竞赛、夏令营等活动衔接

四川大学鼓励导师将"中学生英才计划"与中学生学科竞赛、夏令营、各类学科主题活动和访学交流有机结合，进一步激发英才学生的学科兴趣，引导他们树立科学志向，提升科研和创新能力。近年来，共有近 70 多名英才学生在导师指导下，参加各级各类学科竞赛并获奖。

5. 创新管理机制，实施"管理部门联系制"和"双导师制"

四川大学建立"管理部门联系制"，定期召开省科协管理办、高中学校管理部门、高校管理部门三方联系会，加强各方管理部门的沟通交流，及时发现问题，协同处理。

四川大学建立大学和高中"双导师制"。除了大学阶段的学科导师，在签订战略合作协议的高中设立专门的英才指导老师，负责加强学科导师、高中学校、家长、学生四方的密切联系和沟通。英才指导老师负责与家长沟通，让学生与家长明确"中学生英才计划"实施的目的、意义，了解大学阶段的学习内容及教学方式等，和家长一起指导学生合理分配时间，更好地完成高中学业和英才学习任务。同时，协同学科导师对学生科研课题开展指导，参与中期检查、督促成长日志撰写及后期跟踪等工作，加强过程管理，配合学科导师完成各项人才培养工作。通过双导师协同配合，学生能更好地强化自我认识和管理，达到想学、乐学、自学的学习目的，不断提升自我。

四、结束语

在高考改革方案的影响下，大中学校创新人才衔接培养工作将面临新的机遇和挑战（刘文，2023）。大中学校需要不断探索建立联动机制，在理念、师资、课程、科研等方面深度合作，共同开展学生选拔、培养、评价以及教育教学内容和方法等方面的改革（尹弘震，2017），为学生奠定扎实的基础知识，更新知识结构，拓宽学科视野，树立学科志向，提升科研能力，实现从中学的学习方法和思维方式向大学的方法方式过渡，共同塑造一批具备创新精神、创新能力及坚定学科志向的高素质拔尖创新人才。

参考资料：

[1] 教育部等六部门关于实施基础学科拔尖学生培养计划 2.0 的意见［EB/OL］．（2018–09–17）［2024–04–23］．http://www.gov.cn/zhengce/zhengceku/2018–12/13/content_5443537.htm．

[2] 中国科协办公厅 教育部办公厅关于开展 2024 年"中学生英才计划"工作的通知［EB/OL］．（2024–01–03）［2024–04–23］．http://www.com/gkzc2024/20241394142.htm．

[3] 伍宸，朱雪莉. 我国中学与大学教育衔接与融合的现实困境与突破——基于英国的经验与启示［J］. 河北师范大学学报（教育科学版），2021（1）：88－94.

[4] 吉丽君. 关于大中学校拔尖创新人才选拔衔接机制的思考［J］. 科学咨询（科技·管理），2012（5）：35－36.

[5] 刘文. 大中学衔接培养创新人才－新高考背景下的机遇、挑战与突破［J］. 教育与考试，2023（1）：14－20.

[6] 尹弘震. 关于大学中学创新人才衔接培养的思考［J］. 当代教育实践与教学研究，2017（11）：190－191.

书院制模式下基础学科拔尖人才综合素质培育探索及实践

——以四川大学玉章书院为例

王 羽　王 辉　李雁翎

四川大学党委学生工作部（处）

摘　要：基础学科拔尖人才培养是解决国家"卡脖子"问题的关键一环，是推动国家未来科技创新发展的力量源泉。针对基础学科拔尖人才的成长发展规律，人才培养也需要进行相应升级。书院制模式以学生学习生活社区为依托，是一种新的人才培养模式，对于基础学科拔尖人才的培养起到了不同于传统育人模式的作用。四川大学玉章书院结合书院特色育人理念，充分发挥了书院实践育人平台的作用，提高了人才综合素质培育实效。

关键词：书院制；基础学科；拔尖人才；综合素质

2018年，教育部等六部门联合发布的《关于实施基础学科拔尖学生培养计划2.0的意见》在关于改革任务和重点举措方面提出，要创新学习方式，"给天才留空间，营造创新环境，厚植成长沃土。深入探索书院制模式，建设学习生活社区，注重环境浸润熏陶，加强师生心灵沟通，促进拔尖学生的价值塑造和人格养成"。书院制模式（简称书院制）是一种学生管理和人才培养模式，也是一种新的教育理念。书院制以学生宿舍为依托，对学生的生活社区加强建设与管理，让其承担起对学生思想品德的引领、心理健康的指导等作用，通过"一站式"社区建设提高学生的综合能力素质与能力，从而全面提升人才培养的质量。本文结合四川大学玉章书院建设实践，探讨基础学科拔尖人才培养工作的意义及路径、国内外书院制建设发展概论，以期为书院制建设提供借鉴。

一、基础学科拔尖人才培养的重要意义及路径

（一）基础学科拔尖人才培养的重要意义

21世纪以来，随着"钱学森之问"的提出，国家越来越重视创新人才培养。2009年，我国正式启动了"基础学科拔尖学生培养试验计划"（以下简称"拔尖计划"），提出要培养具有国际一流水平的基础学科拔尖创新人才。2022年，党的二十大报告再次强调要全面提高人才自主培养质量，着力造就拔尖创新人才；强调加强基础学科、新兴学科、交叉学科建设，加快建设中国特色、世界一流的大学和优势学科。基础学科拔尖人才是国家长远发展的战略力量，是提升原始创新能力，实现前瞻性基础研究、引领性原创成果重大突破、面向世界科技前沿的重要支撑。走好基础学科拔尖人才自主培养之路，加强基础研究和基础学科人才培养，是主动应对国际竞争、实现高水平科技自立自强的迫切要求。

（二）基础学科拔尖人才培养的路径

对科学的激情是基础学科拔尖人才的必备素质。基础学科研究往往漫长而枯燥，只有甘坐冷板凳、具备家国情怀的人，才具有攀登科学高峰的可能。因此，高校在人才培养方面需要更加注重价值引领，培养学生克服挫折、承担合理风险等方面的能力。

"高均值－低方差"是我国基础学科拔尖学生的特征（胡娟，2020）。这些学生多为通过高考选拔或进校后二次选拔出来的，学习成绩普遍较好，个体之间的差异化程度较小。针对上述特征，高校应针对学生个体因材施教，给予拔尖学生足够的空间去探索发现、发挥价值，促进其实现个性化发展。

二、国内外书院制建设发展概况

（一）国外书院制的起源及主要特征

在国外，书院制又称"住宿学院制"。书院是集教学和生活于一体的高等教育组织机构，是以学生宿舍为平台，以学生活动为载体而建立起的一种多元化大众化的住宿制书院。国外书院制起源于英国剑桥大学。在13世纪80年代中期一名主教将一批学生收容在剑桥圣彼得教堂附近的两座房子中并制定了管

理制度，由此开启了国外书院制的发展历程。后来，国外很多大学包括哈佛大学和耶鲁大学，都建立了书院制，并延续到现在。总体而言，国外书院制着重对学生开展学业指导与人格培养，致力于培养学生的博雅品质。

（二）国内书院制发展情况及主要特征

中国古代书院制是与官学平行发展的一种教育制度，它萌芽于唐末，鼎盛于宋元，普及于明清，改制于清末，是集教育、学术、藏书为一体的文化教育制度。它在系统地综合和改造传统的官学和私学的基础上，建构了一种不是官学，但有官学成分，不是私学但又吸收私学长处的新的教育制度，是官学和私学相结合的产物。自书院出现以后，我国古代教育便发生了一个很大变化，即出现了官学、私学和书院平行发展的格局，三者呈鼎立之势，直到清朝末年，它们之间具有排斥关系，但更多的是互相渗透与融合，促进了我国古代文化教育的发展和繁荣。书院在中国大地上存在了一千余年，成为中国文化史和教育史上引人注目的一大奇观。

当代中国书院制结合了西方一流大学书院制中的住宿制、导师制、通识教育制等制度，同时融合了中国古代书院道德兼修、因材施教、教学相长等精神内核，形成了一种新型的高校人才综合素质培育框架。书院制旨在平衡通识教育和专业技能培养，以期达成全面教育的目的。当代中国最早实施书院制的大学是香港中文大学。继香港中文大学后，各地高校陆续引进书院制。2021年，教育部办公厅印发《关于2021年度基础学科拔尖学生培养基地建设工作的通知》指出，"深入探索书院制、导师制、学分制'三制'交叉融通的创新育人模式。探索中西贯通的现代书院制，注重'浸润''熏陶''养成''感染''培育'"。书院制作为一种较为新的人才培养模式应被应用于各高校，旨在促进各大高校的人才培养的改革与创新，提高人才培养质量及水平。

通识教育是当代书院制的核心元素之一，它所涵盖的教育内容有助于提高学生的整体素养，促进他们的全方位成长。书院制为大学生提供了一个"一揽子"的全局管理服务系统，并营造出更为宽松、自由的学习和教学环境。它既延续了古代书院的核心价值，又吸收了西式的学院理念，以期塑造一种独特的、富有深厚底蕴的书院精神文化内核。

三、四川大学玉章书院基础学科拔尖人才培养的相关实践

下文中，笔者将介绍四川大学玉章书院在基础学科拔尖人才培养方面的实践情况，以期为各高校推进书院制提供经验参考。

玉章书院以"汇一流学生，凝一流师资，融一流课程，创一流管理，出一流英才"为宗旨，以"厚德博学、虚心从善"为院训，以"价值塑造、通专融合、潜能挖掘、交叉拓展、国际视野"为人才培养基本原则，充分发挥了四川大学作为综合性大学的优势，搭建起使多学科、多交叉的拔尖创新人才脱颖而出的平台，促进学生整体素养全面发展。

玉章书院积极落实"五育并举"的基本要求，根据学期、学年等重要时间节点，分级分类开展各项活动，将思想引领、学科交叉、文体活动、美育浸润、劳动实践等活动融入社区建设，打造综合性的发展方案，全面提升学生的综合素养。

玉章书院以德为先，强化理想信念与使命担当教育。科学无国界，科学家有祖国。基础学科拔尖人才是推动实施国家未来科技创新发展战略、建设世界科技强国的主力军，强化基础学科拔尖人才的德育教育对于奠定坚实的人才资源基础有重要的意义。玉章书院以思想价值引领为目标，聚焦社区思政阵地，依靠各类空间，充分将思想政治教育渗透到社区建设中。同时以吴玉章学院学生党支部为依托，定期组织党员学习研讨、党课培训和实践学习活动等，将人才培养融入基层党建工作，以党建工作引领学生思想政治教育工作，帮助学生锤炼意志品格，树立坚定的理想信念。

区别于专业学院本科生没有固定导师的传统模式，玉章书院施行了全程多导师的导师制。不仅有"一对一"的长期导师对学生在科研方面进行细致的指导，书院还实施"驻院导师制"，拓宽师生沟通渠道，打造全天候导师言传身教的浸润环境，对于学生的专业发展、心理健康等方面进行指导，凝聚各方面资源优势，重视对于学生人格的培育。书院鼓励学生在抓好自身学习科研的同时，积极帮助其他同学，通过经验分享、分专业研讨、学业辅导等方式，分享自己的学习心得、学习技巧，通过跨专业的交流和多学科的融合，帮助学生开拓视野和发散思维。

玉章书院积极探索具有书院特色的五育活动，注重教育实效，实现知行合一，帮助学生树立正确的世界观、人生观和价值观。遵循拔尖学生的身心特点，注重手脑并用，强化实践体验，让学生通过亲身参与，提升育人实效。开展"玉章青年说"、"红色主题宣讲"、"玉章思享"读书交流会、浸润式钢琴演奏美育课、"星光夜跑"、"'非遗'进玉章"等独具书院特色的学生活动，丰富学生社区第二课堂活动，繁荣学生社区文化。推动以劳动教育和习惯养成为抓手的书院文化建设，充分挖掘书院劳动教育资源，充分利用学生宿舍、劳动农场、公共卫生责任区等，开展学生社区劳动教育，引导学生养成良好生活习惯。

玉章书院强化学生自治，构建学生自我管理服务组织，加强寝室长、宿舍长等学生干部队伍体系建设，健全学生全面参与社区管理服务的制度，建立以服务奉献为导向、以素质养成为目标、以制度规范为基础的长效机制，培养学生自我管理、自我教育、自我监督、自我服务的自主意识。

四、结语

当代中国高校实行的书院制是为了提高教育教学质量、培养高素质人才而做出的有益尝试。将书院制应用于基础学科拔尖人才培养，可以创设一个集教学、科研、生活于一体的综合性环境，为拔尖学生提供更为全面、深入的学习和发展平台。这种以科研为导向、注重学生的个性化发展和全面成长的培养模式，有助于激发学生的学术兴趣和探究精神，为他们未来的学术发展奠定坚实的基础。

参考文献：

[1] 教育部等六部门关于实施基础学科拔尖学生培养计划2.0的意见[J]. 中华人民共和国教育部公报，2018（10）：29-31.

[2] 胡娟. 基础学科拔尖人才培养中的三个问题[J]. 吉首大学学报（社会科学版），2020（2）：64-67.

[3] 杨皓岚，周蔺晓，肖世维. 高水平研究型大学基础学科人才培养的实践与思考——以四川大学"拔尖计划2.0"为例[J]. 中国多媒体与网络教学学报（上旬刊），2022（7）：74-77.

[4] 陈廷柱，段梦涵. 变迁中的英国寄宿制学院及其对我国高校书院制改革的启示[J]. 高等教育研究，2015（12）：97-103.

[5] 武闯. 中国古代书院制度对现代高等教育的启示[J]. 山西档案，2019（3）：175-176.

基础学科学术价值培养与拔尖人才价值观塑造探究
——以四川大学"拔尖计划2.0"的实践为例

王 僖

四川大学马克思主义学院

摘 要：党的二十大报告提出要将科技、教育、人才进行统筹安排，基础学科拔尖人才的培养已成为科教融合和人才强国的重要目标。教育部全面实施"拔尖计划2.0"以来，各高校扎实推进基础学科拔尖人才培养，取得了一定成效；学界也开展了大量拔尖人才培养的实践研究，拔尖人才培养体系逐步完善。目前的许多研究将关注点集中在拔尖人才培养的外部要素上，从高校及教师的视角出发，旨在提升拔尖人才的能力水平与学习成效。本文以四川大学"拔尖计划2.0"实践为例，研究拔尖人才的基础学科学术价值培养、价值观塑造的有关举措、成效、难点及优化方向，探索"拔尖计划2.0"阶段拔尖人才培养的新思路。

关键词："拔尖计划"；拔尖人才；学术价值培养；价值观塑造

一、引言

党的二十大报告提出"实施科教兴国战略，强化现代化建设人才支撑"，将科技、教育、人才统筹部署，要求重视人才的基础性、战略性支撑地位，全面提高人才自主培养质量，着力造就拔尖创新人才。拔尖人才培养已成为全面建设社会主义现代化国家的重要抓手和国家教育战略的重要议题，关乎国家发展、社会进步，是中国式现代化的有力支撑。

2009年，教育部启动"基础学科拔尖学生培养试验计划"（简称"拔尖计划1.0"），重点聚焦数学、物理、化学、生物学、计算机科学等基础学科领域，选取少数顶尖高校进行试点探索，通过建立拔尖学生培养基地、基础学科实验班、教学创新平台等方式，奠定了拔尖人才培养的基础环境。2018年，教育部等六部门颁布《关于实施基础学科拔尖学生培养计划2.0的意见》，提出建设国家青年英才培养基地，注重拓围、增量、提质、创新，形成拔尖人才培养的中国标准、中国模式和中国方案。

"拔尖计划"推出以来，各高校扎实推进拔尖人才培养，基础学科拔尖人才培养初见成效，取得了大量高水平科研成果，拔尖班学生深造比例也明显提高（杨德广，2022）。大量学者也开展了对拔尖人才培养模式、影响因素、具体举措等方面的研究，如沈悦青等（2021）、邬大光（2022）、曹宇新（2022）等。不过，目前的许多研究将关注点集中在拔尖人才培养的外部要素上，从高校及教师的视角出发，旨在提升拔尖人才的能力水平与学习成效。本文则以四川大学为例，研究拔尖人才的基础学科学术价值培养、拔尖人才价值观塑造的有关举措、成效、难点及优化方向，探索拔尖人才培养的新思路。

二、四川大学"拔尖计划"培养情况

四川大学于2009年首批加入"拔尖计划1.0"，通过设立基础学科"试验班"、开展"小班化"教学、探索考试改革、实施"双导师"制（"学业+科研"导师、"国内+国际"导师），全面推进基础学科拔尖人才培养实践。2018年以来，随着"拔尖计划2.0"的实施，四川大学先后将7个学科（汉语言文学、历史学、哲学、经济学、基础医学、工程力学、药学）纳入"拔尖计划2.0"，建成7个"拔尖计划2.0"国家级基地、5个"拔尖计划2.0"校级基地。

（一）基础学科学术价值培养

在"拔尖计划1.0"阶段"一式三制三化"的基础上，四川大学以"一个保障、两个驱动、三个平台、五个特色"为工作着力点，扎实推进基础学科学术价值培养。具体举措包括以下三个方面：

第一，大师领衔的学科能力培养。为了让学生"转身即可偶遇大师"，四川大学实施"首席专家负责制"及"执行主任制"，遴选两院院士及杰出教授担任基础学科首席专家，强化大师主持、学术主导、行政保障，为拔尖人才配备双向选择的大师级导师。探索"驻院导师制"，从一年级即配备学业导师与学术导师，打造全天候导师言传身教浸润环境。

第二，书院制的综合素养培养。四川大学强调通识教育和跨学科培养的书院制探索由来已久。玉章书院作为本科人才培养、学生管理模式改革的试点单位，与牛津大学、剑桥大学的"住宿学院制"相通，将学生的日常管理和素质教育有效结合起来，构建跨学科交叉融合学习共同体，打造拔尖人才的综合素养提升平台。玉章书院通过营造社区文化环境，为学生提供个性化发展平台，让不同学科学生成为室友，实现浸润式跨学科交流融合。

第三，本硕博贯通式的长周期培养。四川大学针对"拔尖计划2.0"优秀学生，实行"3+1+5"培养模式，重塑本硕博贯通式课程体系，在第四学年主要安排研究生课程，学生在考核合格后可直接攻读博士学位。本硕博贯通式培养全程实行导师制，参加该培养计划的学生可优先申请国家留学基金委公派项目，优先列入研究生国际联合培养、国际学术交流等专项计划。

（二）拔尖人才价值观塑造

"才者，德之资也；德者，才之帅也。""拔尖计划"致力于培养基础学科卓越人才，是高等教育强国建设的重大战略任务，而拔尖人才的价值观塑造是这一任务的重中之重。作为较早参与"拔尖计划"的高校，四川大学厚植家国情怀，强化价值塑造和使命驱动，寓价值观引导于拔尖人才培养全过程。主要举措包括以下三个方面：

第一，强化思政体系，筑牢信仰基石。推动传统的"思政课程"与新兴的"课程思政"同向同行，在教学内容、教学模式、教学实践和教学组织方面不断优化，注重挖掘各类课程的思政元素和价值元素。四川大学在2019年成立四川大学思政研究中心，打造"习近平新时代中国特色社会主义思想概论"必修课。各学科课程都承担传授知识、方法、经验等职能，也都蕴含思想政治价值；各拔尖基地尤其注重主体思政课和红色文化熏陶，激励学生把实现自身价值与国家民族发展紧密联系起来。

第二，涵育家国情怀，塑造健全人格。四川大学积极挖掘红色教育资源，通过与当地红色文化资源场馆共建等形式，打造红色教育基地。通过江姐纪念馆、江姐荣誉班和《江姐在川大》《待放》等舞台剧，打造川大红色文化品牌；通过"8秒正能量""红动1小时""五彩石"等红色主题实践活动，把家国情怀融入教学生活。开设"科学、哲学与人生"研讨课2.0版，引导探索正确人生价值；举办"玉章思享""玉章科技月"等活动，实现思想引领和价值浸润。

第三，推动实践服务，促进学习成长。通过社会实践将"服务社会"与"学习成长"相结合。通过社区志愿服务的"霖露计划"、"一周一课"支教活动、"温暖进社区"敬老院服务活动、"阳光图书"图书室整理活动等形式让拔尖人才积极参与到社区建设和服务之中，提升他们的社会责任感；并依托学科特点进行项目调研，开展生活指导、技能培训等志愿服务，引导拔尖人才关注社会民生。

三、基础学科学术价值培养与拔尖人才价值观塑造的实践难点

四川大学自实施"拔尖计划"以来,扎实落实拔尖人才培养政策,通过"一式三制三化"等举措的实施,在基础学科学术价值及拔尖人才价值观培养方面取得了较好的成效,但也存在部分实践难点亟待思考解决。拔尖人才确实有着突出的学习能力和性格特征,即目标明确、动机强大、精于学业、敏于执行,但部分人才也存在敏感脆弱、患得患失、过度内卷、以自我为中心等情况,他们在心理弹性、学习适应、价值定位、集体意识等方面并不一定强于普通学生,而这些都可能影响基础学科学术价值培养和拔尖人才价值观塑造。

(一)基础学科学术价值培养方面的实践难点

"拔尖计划 2.0"以选拔"勇攀科学高峰、推动科学文化发展的优秀拔尖人才"为目标,提高创新能力、激发学术兴趣是拔尖人才基础学科学术价值的重要体现,但这方面的培养面临一些问题。

1. 心理弹性影响学科创造力发挥

心理弹性是在逆境、创伤、悲剧、威胁或重大压力来源面前适应良好的过程。心理弹性较大的拔尖人才在面对挑战时能保持乐观的心态,妥善地处理遇到的问题,调节和消解负面影响。有研究数据表明,拔尖学生的心理弹性可以正向预测创造力,心理弹性对创造力的解释力达 30%(李雄鹰等,2022)。增大拔尖人才的心理弹性有利于提高其学科创造力。

2. 学习适应影响学科能力培养

在拔尖人才培养过程中,各课程的学习难度均有提高,拔尖学生只有根据环境及学业的需要,努力调整自我,达到一种平衡状态,学科的学术价值培养才能成为可能。为此拔尖学生只有在学习动机、学习能力、学习态度、教学模式和环境因素方面都具有良好的适应性,才能对其学术创造力的发展产生积极作用。但由于大学的各门课程存在较大的差异性,大学与之前的教育阶段在教学模式、教学环境等方面存在很大的不同,拔尖学生学习适应性的培养和提高面临着更多的考验。

(二)拔尖人才价值观塑造方面的实践难点

"拔尖计划 2.0"明确提出"促进拔尖学生的价值塑造和人格养成",而拔尖人才的价值定位和集体意识对这方面的培养有着重要作用。

1. 价值定位影响价值塑造

为谁培养人才、培养什么样的人才，是拔尖人才价值观塑造的根本问题。作为国家着力培养的青年英才，拔尖人才应当"把自身价值的实现与国家发展紧密联系起来，把远大的理想抱负和所学所思落实到报效国家的实际行动中"。但是，在拔尖人才培养实践中，笔者发现，部分拔尖学生功利思想过重，过于强调回报。导致上述问题的因素之一是拔尖人才培养价值评价大多基于学业成绩和科研成果，学生内在价值和成长过程未得到充分重视。2003—2021 年全国高校毕业生就业状况调查表明，大多数高校毕业生就业选择倾向经济价值和个人价值，促进经济社会发展等体现社会价值的指标则被忽视（岳昌君，2023）。因此，"拔尖计划 2.0"在实施中，更应重视拔尖人才正确的价值观塑造。

2. 集体意识影响人格养成

"提升沟通表达能力和团队协作精神"，是"拔尖计划 2.0"中提升拔尖人才综合素养的重要要求。然而，由于成长环境、学习氛围、个人心态等方面影响，部分拔尖人才为了在竞争中取得优势，排斥沟通协作，倾向于"孤军奋斗"。在拔尖人才培养实践中，高校应注意引导拔尖人才强化集体意识，认识到沟通协作的重要性，实现集体和个人发展的统一。

四、拔尖人才价值塑造的优化思考

根据以上研究，笔者认为，在"拔尖计划 2.0"的实践中需要重点关注拔尖人才的基础学科学术价值培养和价值观塑造，从实践中发现的拔尖人才存在的不足出发，加强学生心理弹性、学习适应、价值定位、集体意识等方面的培养。具体可开展如下举措：

关爱拔尖人才的心理成长。"拔尖计划 2.0"以培养潜心于基础学科、勇攀科学高峰的拔尖人才为目标，这也意味着拔尖人才必然承受更多的挑战和压力。基础学科学术价值的培养需要长时间的探索，良好的心理弹性能使拔尖人才在面对挑战和压力时更加积极和主动，在遇到困难和挫折时更快调整与恢复。学校要重视拔尖人才的"韧性""抗性"等心理素质培养，将心理健康教育贯穿拔尖人才培养全过程，培养拔尖人才坚毅的心理品质。

关怀拔尖人才的学习适应。拔尖人才只有适应了学习任务与环境，学习能力和成果才有可能得到提高和实现。在拔尖人才培养实践中，一味提高课程学业难度、考核评比强度并不可取，学校应当科学处理课程设计与学习适应的关系，关注拔尖人才的个体情况，加强差异化培养，重视学习能力的培养和学习环境的建设，提高拔尖人才的学习适应能力。

关心拔尖人才的价值定位。强化使命驱动、塑造健康价值观是拔尖人才培养的基础。学校要以拔尖人才的全面成长为目标，持续加强思政课程改革创新，拓展"思政课程＋专业课程"外延衔接，引导拔尖人才让学科学习与使命价值"共振"，将个人追求与时代发展结合；完善智能多维学生发展评价系统，通过多元评价指标考量拔尖人才价值定向相关的素质，真正实现拔尖人才的"去功利"培养。

关注拔尖人才的集体意识。在探索基础学科和推进科技创新的过程中，协助沟通和集体意识是取得进展和突破的必要前提。一方面，学校要鼓励以团队为单位开展学业项目，培养拔尖人才在团队任务中的沟通协作能力，在课程教学中提高团队合作的评价比重，将集体意识传递给拔尖人才，掐灭精致利己主义的萌芽。另一方面，在拔尖人才培养方案中注重品德教育类课程，以课程主渠道辅以多种形式的团体实践活动，持续强化集体主义教育。

参考文献：

[1] 教育部等六部门关于实施基础学科拔尖学生培养计划2.0的意见［EB/OL］．（2018－10－17）［2024－04－23］．http://moe.gov.cn/srcsite/A08/s7056/20181017_351895.html．

[2] 杨德广．拔尖创新人才培养的成效、缺失和建议［J］．重庆高教研究，2022（6）：3－9．

[3] 邬大光．拔尖人才是"圈养"还是"散养"［J］．教育家，2022（13）：32－33．

[4] 沈悦青，刘继安，章俊良，等．本科学术型拔尖人才培养过程要素及作用机理——基于上海交通大学"拔尖计划"首届毕业生的调查［J］．高等工程教育研究，2021（5）：106－112．

[5] 曹宇新．"强基计划"人才培养模式的高校政策再制定研究——基于36所试点高校"强基计划"培养方案的文本分析［J］．教育理论与实践，2022（3）：3－7．

[6] The American Psychology Association. The road to resilience：what is resilience［M/OL］．（2021－06－20）［2023－04－25］．https://www..apa.org/helpcenter/road-resilience.aspx．

[7] 李雄鹰，毛雅昕，孙瑾．"拔尖计划"学生心理弹性与创造力的关系研究——学习适应性的中介效应［J］．高等理科教育，2022（1）：73－81．

[8] 岳昌君．高校毕业生就业观念：特点、变化与差异研究［J］．中国青年研究，2023（5）：5－13．

[9] 钱雅，王云丽．大学生"精致利己主义"现象形成的根源探究——从践行社会主义核心价值观视角［J］．武汉冶金管理干部学院学报，2015（4）：48－51．

新文科视野下四川大学历史学拔尖计划人才培养的创新举措与路径[①]

李建艳　邹　薇　姜　莉　李雪梅

四川大学历史文化学院

摘　要：探索培养拔尖创新人才的长效机制是科教兴国、提升综合国力的必然要求，也是当前高等教育改革的深水区与攻坚区。四川大学历史文化学院对拔尖人才的培养进行了十多年的探索，初步形成较为典型的人才培养模式。本文基于上述实践，思考新文科视野下如何不断完善历史学拔尖计划人才培养体系，形成历史学拔尖人才培养的良好氛围。

关键词：新文科；历史学；拔尖计划

一、研究背景及内涵

四川大学历史文化学院于2019年组建历史学（拔尖计划）班，同时成立了"明远学园历史学拔尖计划学生培养基地"，并于2021年入选国家"基础学科拔尖学生培养计划2.0"基地（简称"基地"）。基地自成立起即建立了三级分层领导及管理小组，由国家重大人才计划入选者、国家级教学名师担任首席专家和执行主任，一大批中青年优秀学者担任学术导师。基地积极贯彻教育部《关于在部分高校开展基础学科招生改革试点工作的意见》等文件精神，形成以"强化使命、大师引领、强根固基、着力科研"为主要着力点的拔尖计划创新人才培养总思路，聚焦学生专业基础与创新能力的铸牢和提升。四川大学的

[①]　本文系教育部拔尖计划2.0课题"新时期考古学拔尖学生培养模式研究"（项目编号：20221036）、四川大学基础学科拔尖学生培养研究课题（第一期）"新文科背景下历史学拔尖人才培养模式创新与实践"（项目编号：SCUBJ124）阶段性成果。

人文社会学科拥有深厚的历史积淀和优秀的学术传统，近年来历史学（拔尖计划）班严格遵照"拔尖计划2.0"相关指导意见，立足四川大学自身学术传统和特点，在实践中形成了一套兼具传统与现代学术优长、教学授课与科研训练并重、知识背景和田野实践丰富多元的具有川大特色的历史学拔尖人才培养体系。

二、四川大学历史学拔尖计划人才培养的创新举措

四川大学历史文化学院积极响应习近平总书记对历史学、考古学人才培养工作的重要指示，聚焦"全球史视野下的中国史""世界考古学视野中的中国考古学"等重点领域，围绕中华文明五大突出特性、民族复兴大业等重大史学问题，打造具有川大特色的新时代史学人才培养基地。历史学（拔尖计划）班遵循个性化、贯通式的培养方案，强化价值引领，厚植育人土壤，致力于中华民族伟大复兴事业培养一批思想政治过硬，具有强烈家国情怀、人文精神和社会责任感，具备理性科学精神、扎实史学基础、深厚理论水平、宽广国际视野的拔尖人才，造就通观明变、融汇古今、学贯中西的新时代卓越历史学家、考古学家。四川大学历史文化学院于历史学拔尖人才培养工作中有如下创新举措。

（一）以"强化使命"驱动新时代责任担当

首先，将主题教育融入学生日常生活学习。学院通过书记、院长、首席专家、执行主任对历史学（拔尖计划）班讲党课，组织"红色革命之旅"、主题团日活动等，扎实开展拔尖计划学生的思想政治教育，不断提高他们的思想政治觉悟。

其次，将思政课程浸润培育拔尖人才全过程。在历史学（拔尖计划）班全面落实"课程思政"总要求，开设国家级、省级和校级"课程思政"榜样课程，并在此基础上进一步突出"新四史"在课程体系中的核心地位，实现拔尖计划学生思政培养全员、全过程育人。

（二）以"大师引领"构筑人才培养新模式

首先，全面落实导师制。学院建立了由杰出教授领衔的包含考古学、中国史、世界史三个方向的老中青教师导师组，导师和学生双向自由选择，实现了学术导师师生比1∶4，学业导师师生比1∶10的精准对位，并逐步推进实行"双导师制"（"学业导师"＋"科研导师"，"国内导师"＋"国外导师"）。

其次，实施"学术领航"机制。以导师为引领，融川大历史学、考古学的科研优势于拔尖计划学生培养各环节之中；指导学生参加科研创新活动，对学生进行科研生涯规划以及专业化、个性化培养；指导学生进团队、进课题，积极开展科研训练。

（三）立足核心原典，铸牢学术研究根基

首先，推行原典学习计划，强化原典阅读在育人中的作用。指导学生阅读"前四史"、《四库全书总目》、《说文解字》、《十三经注疏》、《中国历史纪年表》，以及川大历史学前辈徐中舒、蒙文通、冯汉骥、缪钺等的著作；定期开展原典导读读书会；结合多年的基础学科教学经验，推出了一批"川大史学系列精品教材"，用于拔尖计划学生培养，以铸牢学生的专业基础。

其次，将整体重心下移，打通本、硕、博培养的阶段壁垒，实施贯通式育人机制。以学生为中心，强化课程改革，为拔尖计划学生"量身定制"课程体系。突出阶段培养目标导向性，精细划分基础课、专业课、进阶课课程设置和学分配置，落实人才培养过程中夯实基础、提升能力、孵化成果的阶段性任务。激发学生自主学习能动性，以学生兴趣为基础，突破历史学、考古学和其他专业（如哲学、汉语言文学、经济学乃至生物学、化学、医学等）的藩篱，引导学生在主修第一方向"精深"基础上，自主选择"辅修"和"旁通"第二、第三方向，实现大历史学内部及其相关学科的初步"融通"，使学生具备深厚的人文底蕴、扎实的专业基础、宽广的学术视野、强烈的探索与创新意识。充分运用四川大学智慧教室资源，落实"探究式－小班化""全过程学业评价－非标准答案考试"等要求，增强授课探讨性，提高课业挑战度，着力提升学生学习的探究意识、思辨能力，开阔其学术视野。

最后，"请进来"与"走出去"相结合，提升学生培养的国际化水平。课堂教学中引入国际学术前沿动态。在学习内容上，要求学生必须熟练掌握一门外语，熟悉如何追踪国际学术前沿动态、最新研究成果。依托历史学、考古学等优势学科平台，充分利用学校"大川视界"国际访学机制和学院建立的与美国哈佛大学、圣路易华盛顿大学、加州大学伯克利分校以及英国牛津大学和剑桥大学等的合作平台，实施国际化培养。在本科培养阶段，要求拔尖计划学生须完成不少于一个月的国外访学、研习，实现拔尖学生走向国际学术的第一步。汇聚高水平国际教育资源，通过高层次、多样化的国际交流研讨，让拔尖计划学生了解国内外学术流派的短长，增强文化自信和学术自信，加深对世界与中国的认知和理解，培养具有宽广国际视野、优雅文化气质、善于交往沟通的高素质优秀史学大家。

（四）强化科研学术活动，涵养创新精神

首先，设立"科研训练计划"，将学院优质科研资源与人才培养相结合，组织学生定期到四川大学中国藏学研究所、铸牢中华民族共同体意识研究基地、古籍整理研究所、城市研究所、南亚研究所开展深度交流，拓展对历史学科认识的深度和广度。实施科研前置方略，将拔尖计划学生吸纳到导师的国家社科基金重大招标项目、重点项目和面上项目之中，提升学生的科研水平，支持鼓励拔尖计划学生参加科研创新训练。

其次，贯彻新文科建设新理念，在拔尖计划学生培养过程中强调田野调查。要求所有拔尖计划学生培养起文献历史与历史实践相互印证的两套功夫，培养将论文写在祖国大地上的历史情怀。拿出专门学分，强化拔尖计划学生培养过程中的田野学习。拔尖计划学生必须进入"西部中国民间文献调查""历史档案整理""三线建设口述历史""'汉典重光'海外古籍回归整理与研究""考古中国""古蜀文明考古工程""一带一路视野下的斯里兰卡考古"等具有重大学术价值和社会影响里的田野项目。近两年，学院拔尖计划学生全面投入三星堆发掘工作，为打造巴蜀文明金色名片、见证巴蜀文明从蜀地走向世界贡献了川大历史学科、考古学科的力量。

三、未来历史学拔尖计划人才培养的路径

历史研究是社会科学的基础，一个没有繁荣的哲学社会科学的国家不可能走在世界前列。因此，推进拔尖创新人才培养是新时代我国推进世界一流大学和一流学科发展、建设高等教育强国的必然要求。本文就新文科背景下如何在实践中不断完善拔尖计划人才培养体系，从而形成拔尖创新人才培养的良好氛围，以期培养博通与专精兼备的优秀史学人才提出了以下几点思考：

首先，深化专业、课程、教材建设，拓展拔尖创新人才培养维度。一是推进研讨型教学为核心的专业升级，精品教材配套的课程升级。二是打破现行单一院系、学科教学上的相对封闭模式，综合利用四川大学大文科整体优势，实行开放性办学。一方面，在大一阶段设置文史哲平台课程，增设哲学、文学、社会学、政治学等课程，增加学生在相关学科理论与知识上的储备；另一方面，规定学生在本科阶段，必须选修"大文科"课程，以全面提高学生素质。三是依托专业建设、教学改革、精品教材，推进"学习革命"，加强学生批判性思维，推动学生学习范式的转变。

其次，基于书院制的多元育人平台开展建设工作。一是依托书院开展"阅

读经典计划",开展多样化经典研读师生交流会,推动学生读好经典,培养学生全球化的视野和敏锐的社会洞察力。二是借力驻院导师开展"系列人文讲座",引导学生建立真善美的价值尺度,实现价值塑造、知识积累与能力培养的一体化推进。

再次,构建多层次文科交叉复合型人才培养模式。一是探索交叉复合型人才培养,构建"新文科+"交叉复合型拔尖创新人才培养模式,探索文理工医融合发展的规律。二是探索本研衔接的拔尖人才培养体系,通过课程设置、培养路径的贯通,建立资源共享及对接机制,推行学术领航机制,由导师带领开展跨学科研究。

最后,切实强化田野调查培养机制。通过推进校、企、地深度合作育人模式,依托校内外实践教学示范基地,使所有拔尖计划学生进入三星堆考古等具有重大学术价值和社会影响的田野项目,提供专项经费用于实践调研,集中开展研讨和交流。

总之,以拔尖计划为重要抓手,不断推进拔尖创新人才培养改革,推动我国世界一流大学建设和基础学科突破是今后我国高等教育发展的未来进路和主导力量。

参考文献:

[1] 崔居然,夏莹. 论哲学拔尖人才培养体系的建立——以清华大学哲学学堂班为例[J]. 新文科理论与实践,2024,9(1):42—49.

[2] 刘生良. 推进古文背摹赏探教学 助力中文拔尖人才培养[J]. 中国大学教学,2024(3):12—17.

核心素养视角下基础学科拔尖学生的培养探究

王 辉 王 羽 李雁翎

四川大学党委学生工作部（处）

摘 要：基础学科是科技创新的基础。基础学科拔尖创新人才的培养，是高等教育强国建设的重大战略任务，对于国家、社会和个人都是至关重要的。而在现代教育中，核心素养被视为人们必备的基本素养，而高校拔尖学生的培养也需要在核心素养视角下加以探究和实践。本文将从核心素养的角度出发，探讨基础学科拔尖学生的培养，并提出相应的培养策略和措施，以期为基础学科拔尖学生的培养提供一些引导性的思考。

关键词：基础学科；核心素养；拔尖学生

一、引言

2018年9月，教育部等六部门颁布的《关于实施基础学科拔尖学生培养计划2.0的意见》（简称《意见》）指出："加强素质教育，培养学生的家国情怀、人文情怀、世界胸怀，促进学生中西融汇、古今贯通、文理渗透，汲取人类文明精华，形成整体的知识观和智慧的生活观。强化实践能力和创新创业能力，培育科学道德、批判精神和创新精神，提升沟通表达能力和团队协作精神，造就敢闯会创、敢为天下先的青年英才。"

基础学科拔尖创新人才的培养是一项长期而艰巨的任务，是我国高等教育改革与发展中亟待解决的重大理论和实践课题。基础学科拔尖的学生不仅需要具备丰富的学科知识和优秀的学术能力，而且需要具备较强的核心素养。这也意味着基础学科拔尖学生的培养不仅仅要关注学科成绩和能力训练，更应该从核心素养的视角出发，注重对学生社会认知能力、批判性思维能力、人文精神以及创新能力等的培养。

二、核心素养视角下的基础学科拔尖学生培养的必要性

虽然目前基础学科拔尖学生的培养已取得显著成效，但是拔尖学生培养过程中学生核心素养培养仍存在不足之处。大部分基础学科拔尖学生在专业学习上具有很强的学习能力，然而少数学生在综合素质的提升上却不尽人意，特别是在人际交往能力、领导力、团队协作、社会实践、抗压能力等方面有所欠缺，限制了学生开拓创新、适应不断变化的社会环境的能力的发展。因此，笔者认为有必要在核心素养视角下开展基础学科拔尖学生培养。其必要性体现在以下几个方面：

首先，可以帮助学生增强社会认知能力。核心素养建立在对社会现实的深入认知上，学生如果具备对社会、政治、文化、经济等多个方面敏锐的观察力和判断力，便能够更准确地把握社会脉搏，真正融入社会，找到解决社会矛盾和问题的方法，创造更大的价值。此外，增强社会认知能力还能帮助拔尖学生树立正确的价值观和道德观，为其开展科研提供有力的指导。在面对纷繁复杂的社会现象时，他们需要有自己的判断标准和道德底线。

其次，可以帮助学生增强批判性思维能力。核心素养要求学生具备思辨精神和批判性思维能力，以更适宜的方法表达出个人独特的思想。首先，批判性思维能力有助于学生独立思考，通过批判性地分析信息，避免盲目跟从，形成自己的独立思考和判断；其次，批判性思维有助于学生解决问题，创新思考。面对复杂多变的问题，要批判性地审视，分析问题的本质、原因，寻找解决方案。此外，批判性思维能力还有助于学生提高沟通和协作能力。通过批判性地倾听他人的观点，能够更好地理解他人的立场和需求，从而达成共识，实现合作。

再次，可以引导学生培养人文精神。基础学科拔尖学生不仅要是社会发展的推动者，更应该是人类文明的传承者、守护者。人文精神是对人类文化、历史、传统和道德规范的深入理解和尊重。通过培养人文精神，可以引导学生更加关注人类社会的共同价值，培养他们的同理心、包容心和责任感，使他们成为具有高尚品格和良好社会公德的公民。

最后，可以帮助学生增强创新能力。创新是现代社会发展的核心动力，也是个人实现自我价值的关键。具备创新能力的人能够独立思考、解决问题，并创造出新的价值。通过培养创新思维和创新能力，可以激发学生的创造潜能，帮助他们打破常规，勇于探索未知领域，为社会的进步和发展做出贡献。

因此，基础学科拔尖学生的培养需要注重核心素养的培养，这不仅有利于学生的个人成长，也为未来的社会发展带来更多新的可能。

三、核心素养视角下的基础学科拔尖学生培养存在的问题

笔者认为站在核心素养的视角，高校基础学科拔尖学生的培养主要存在以下问题：

第一，对核心素养内涵理解不够深入。核心素养是一个包括知识、能力、态度和价值观等多个方面的概念，旨在综合评估一个人的综合素质。然而，在高校拔尖学生的培养中，仍然存在许多仅强调学科能力的现象，忽视了学生个体的发展，导致无法准确把握核心素养的培养方向，进而影响培养效果。

第二，师资队伍建设不足。首先，部分教师虽然学术能力较强，但对核心素养的认识有待加强，难以有效引导学生发展核心素养。同时，教师在面对拔尖学生时，可能缺乏有效的培养策略和方法，导致培养效果不佳。其次，部分教师专业能力有待加强。核心素养包括知识、能力和态度等多个方面，教师不仅要掌握学科知识，还要具备跨学科、多学科的综合素质和能力。

第三，对拔尖学生心理健康问题关注不足。拔尖学生往往在学习成绩、思维能力等方面表现出色，但同时也被赋予更高的期望，他们在面对考试、竞赛等挑战时，往往会面临较大的压力。因此，关注他们的心理健康问题，培养学生的情绪管理能力、自我认知和自我调节能力，也是拔尖学生培养的关键。此外，拔尖学生的抗挫折能力和适应能力同样需要加强。拔尖学生需要有足够的韧性和恢复力，不断调整自身状态，才能应对可能出现的变化和挑战。

第四，实践环节不足，缺乏与社会的有效对接。核心素养的提升需要学生在实践中完成。然而，学校对实践环节的重视不够，缺乏与社会的有效对接。学生缺乏实践机会，难以将所学知识应用到实际生活中，也无法从社会实践中获取新的知识和技能。

第五，评价体系不完善，难以全面反映学生的核心素养水平。当前，学校在考核拔尖学生时，多从成绩和获奖情况等方面入手，对于核心素养的重视不够。这导致一些基础学科拔尖学生过分关注考试成绩和比赛结果，忽略了核心素养的提高。

四、核心素养视角下的基础学科拔尖学生培养的路径

（一）深入理解核心素养内涵

深入理解核心素养内涵需要从多个方面入手。首先，核心素养是一个综合性的概念，它涵盖了个体在不同领域中所需具备的基本能力和素质。这包括但不限于专业知识与技能，更侧重于培养创新思维、批判思维、合作能力、沟通能力、解决问题的能力以及终身学习的动力。其次，核心素养具有跨领域和跨学科的特性。它不仅仅局限于某一学科或领域，而是强调在不同领域和情境中的通用性和迁移性。这意味着，无论在哪个领域或学科，核心素养都是个体成功和发展的关键要素。第三，核心素养注重个体在社会发展中的适应性和创新性。它强调个体在面对复杂多变的社会环境时，能够灵活应对、创新思考，并具备持续学习和自我发展的能力。这种适应性和创新性是现代社会对人才的基本要求，也是个体在职业生涯中持续进步的关键。第四，核心素养还强调个体的社会责任感和文化素养。它要求个体具备对社会的责任感和担当精神，能够积极参与社会事务、关注社会问题，并具备跨文化交流和合作的能力。最后，要深入理解核心素养的内涵，还需要结合具体的教育实践和社会需求。教育者需关注社会发展趋势和未来职业需求，结合学生的实际情况和发展需求，制定有针对性的培养策略和方法。同时，学生也需要积极参与各种实践活动和社会实践，通过实践来深化和体验对核心素养的理解和应用。

（二）加强师资队伍建设

针对高校基础学科拔尖学生培养存在的师资队伍建设不足问题，笔者提出以下一些具体的解决措施。第一，提高教师的专业素养和教学能力。通过组织相关培训和研讨会，提高教师对核心素养的认识，提升教师自身核心素养，帮助其在教学中深入贯彻这一理念。第二，强化师德师风建设，培养教师的高尚品质和道德情操。教师不仅是知识的传授者，更是学生品格的塑造者。教师应以身作则，为学生树立良好的榜样，引导学生形成正确的价值观和世界观。第三，优化教师队伍结构，提高教师待遇。吸引和留住优秀人才，鼓励教师积极投入教育教学工作，是提升师资队伍整体水平的重要保障。学校可以制定合理的激励机制，为教师提供良好的发展空间和福利待遇。第四，建立紧密的师生关系。教师应关心学生成长，关注个体差异，积极引导学生发现自己的兴趣和优势，鼓励学生参与实践活动和团队协作，培养学生的创新能力和综合素质。

第五，加强学校与社会的联系，拓宽师资队伍建设的渠道。学校可以与企业、社区等合作，邀请具有丰富实践经验的专家担任兼职教师或开设讲座，为学生提供更多的学习和实践机会。

（三）注重心理健康教育

在培养拔尖学生核心素养的过程中，加强学生心理健康教育是至关重要的。笔者提出了以下一些建议，旨在通过心理健康教育来促进拔尖学生的全面发展。第一，建立心理健康档案，关注学生的心理状态。学校应为每位拔尖学生建立心理健康档案，定期记录他们的心理状态、情绪变化以及可能遇到的心理问题。这有助于教师及时发现问题，并提供有针对性的心理辅导。第二，建立专业的心理辅导团队。学校应配备专业的心理辅导教师，为拔尖学生提供个性化的心理咨询服务。心理辅导教师应具备专业知识和技能，能够针对不同学生的心理问题提供有效的解决方案。第三，培养拔尖学生的自我调节能力。拔尖学生往往面临较高的学业压力和期望，因此培养他们的自我调节能力尤为重要。学校要通过心理健康教育，引导学生正确面对挑战和压力，保持积极向上的心态。第四，加强家校合作，共同关注拔尖学生的心理健康。家长是学生的重要支持者，学校应与家长保持密切沟通，共同关注学生的心理健康状况。双方可以定期交流学生情况，共同制订有针对性的心理辅导计划。第五，优化教育教学环境，营造积极向上的氛围。学校应努力营造积极向上的教育教学环境，减少对拔尖学生的过度压力，鼓励他们积极参与各类活动，培养他们的团队合作精神和自信心。

（四）强化实践育人

强化实践育人对于培养拔尖学生核心素养具有至关重要的作用。笔者提出了以下一些建议，以便通过加强实践环节来有效地提升学生的核心素养。首先，构建多元化的实践教学体系。学校应设立丰富的实践活动，如实验、实习、社会调查、社区服务、学科竞赛等，以满足不同学生的需求。这些实践活动应涵盖课堂内外的各个层面，让学生在亲身参与中深化对理论知识的理解，锻炼实际操作能力。其次，加强校企合作，实现产学研一体化。学校可以与企业建立紧密的合作关系，共同开展实践教学项目。这样，学生就有机会在实际工作环境中学习和实践，了解行业前沿动态，提升职业素养和实践能力。第三，注重实践环节的指导和评价。在实践活动中，教师应给予学生充分的指导和帮助，确保学生能够有效地参与并取得收获。同时，学校应建立完善的实践环节评价体系，对学生的实践成果进行客观、公正的评价，以激发学生的学习积极性和自信心。最后，关注学生的个体差异，因材施教。每个学生的核心素养发展都是独特的，因此学校应根据学生的兴趣和特长，为他们提供个性化的实践机会。这样，学生就能在实践中找到自己的发展方向，充分发挥自己的潜能。

（五）建立科学合理的评价体系

针对高校拔尖学生培养存在的评价标准不合理的问题，笔者提出了以下一些具体解决措施。第一，调整评价标准。学校可以针对核心素养培养目标，重新制定评价标准。这些标准应该包括一些具体的、可量化的指标和全面综合评价方法，确保所评价的内容、要素和方法都是明确和合理的，不会给学生带来不必要的压力。第二，重视多元评价方式。这些评价方式可以包括笔试、考试、作品展示、口语交流、实践表现等，能准确地评估学生的能力水平、素养水平和潜力。学校应该重视评价方式的多元化，不仅要依据成绩评价学生，更要结合实际，有针对性地进行综合评价。要从多个角度、多个方面来考核学生，包括学术、实践以及思想道德素质等多个方面，以形成全局性、系统性的评价体系。第三，建立学生自我评价机制。学校可以通过建立学生自我评价机制，鼓励学生不断反思和总结自己的成长过程，在实践中进行调整和改进。这种机制可以帮助学生更好地评价自己的学习、实践、人际交往等方面，以及提供有益的反馈，指导学生持续发展。第四，引进外部权威评价者。为了保持评价的公正性和客观性，学校可以引进外部权威评价者，或者和其他高校、企业等合作，参与对学生的多层次、全方位的评价。这种评价方式可以有效防止评价过程中的人为操作和执着于形式而忽视实质的情况出现。综上所述，学校应该认真完善评价体系，给学生营造一个开放、民主、公正、透明的评价环境，使学生在此环境中，能够得到认真细致的评价与指导，更好地发展核心素养。

五、结语

本文从核心素养视角出发探究了基础学科拔尖学生培养存在的问题，并提出了相应的解决措施。在当今这个竞争异常激烈的时代，高校不仅要肩负人才培养的重任，更要深入培养学生的核心素养。传统的学习模式往往只注重学生的成绩，很难培养出全面发展的学生。而核心素养凸显了现代学生成长的重要性，融汇了学科能力、社会能力和个人发展能力，引导学生积极投身社会、探索未来。高校在开展基础学科拔尖学生培养工作时，首先要树立"人才是校园最重要的资源"的价值观，根据社会需求、个人兴趣等多个方面为学生提供更加优质的学习体验。同时，针对存在的问题，需要引入先进的理念和方法，构建全方位、多层次的核心素养教育体系，激发学生的创新潜力，提高其核心素养水平，培养具有较高综合素质的拔尖人才。总而言之，高校基础学科拔尖学生培养不仅是人才培养的重要方向，也是教育改革的重要课题。高校要根据社会需求、学生兴趣和素质要求，尊重学生主体意识，注重培养学生实现成长，为社会培养更多的可持续发展的高水平人才。

参考文献：

[1] 张瑶，刘舒吟. 基于核心素养视角的高校学前教育专业人才培养研究 [J]. 就业与保障，2023（3）：184－186.

[2] 盛知恒. 协同治理视角下高校辅导员核心素养培育路径研究 [J]. 科教导刊，2023（3）：93－95.

[3] 段志鹏，白鸽. 全球视角下未来高校教师核心素养的内涵与培育研究 [J]. 教育理论与实践，2022（15）：39－43.

[4] 包晗. 高校荣誉学院学生心理压力研究——以南京师范大学强化培养学院为例 [J]. 高等理科教育，2019（3）：46－51.

[5] 陈晨. 论核心素养视角下高校开展美术教育的途径和策略 [J]. 美术教育研究，2021（17）：120－121.

[6] 代小芳. 核心素养视角下的高校拔尖学生培养探究 [J]. 教育理论与实践，2019（12）：6－8.

基于培育新质生产力优化基础学科拔尖人才培养的"川大方案"

杨皓岚　周菡晓

四川大学教务处

摘　要：四川大学基础学科拔尖人才培养响应时代发展与国家战略需求，融合学校百余年人才培养的特点，以跨学科促发展，以创新为抓手，积极构建培育新质生产力的人才培养方案，推动基础学科拔尖人才培养高质量发展。

关键词：新质生产力；基础学科；培养方案；跨学科

新质生产力是习近平总书记站在现代化强国建设全局的高度作出的重大理论创新。培育新质生产力，创新是核心要素。加快发展新质生产力迫切需要大批的拔尖创新人才，要求教育系统在构建人才自主培养体系、深化拔尖创新人才培养方面进行改革和创新。加快发展新质生产力，需要牵引源头创新的基础学科、交叉学科和新兴学科的拔尖人才。基础学科是国家创新能力发展的源头与根基，基础学科拔尖人才培养关乎国家发展、民族命运，是把我国建设成为世界重要人才中心和创新高地的重大战略任务。基础学科拔尖人才培养从2019年在全国启动"拔尖计划2.0"以来，已经进入高质量、内涵式发展阶段。四川大学基础学科拔尖人才培养自2009年实施以来，已经从"拔尖计划1.0"进入"拔尖计划2.0"。四川大学2023年出台《新时代四川大学基础学科拔尖人才培养实施方案》，即基础学科"川大十八条"。四川大学致力于建设基于多学科大平台的基础学科拔尖人才培养"立交桥"，全方面搭建基础学科人才培养的"快车道"，进一步解决人才培养"资源—人才—机制"三个核心要素之资源配置的先进性、融通性不足，拔尖群体的辨识度、投入度不足，工作机制的合理性、有效性不足等问题，辐射拔尖人才培养的全链条、全要素、全过程。

一、四川大学基础学科拔尖人才培养方案实施现状

人才培养方案是人才培养的重要依据，承载了人才培养的目标、核心思想、实施路径与具体举措。2019—2023年，四川大学基础学科拔尖人才培养方案已经过三轮修订，形成本硕博贯通式人才培养方案。各学科首席专家组织教育专家、学术专家，把握学科的基本特点和发展方向，确定基础核心课程，夯实学生学科发展基础，进一步为学生提供多元化选择，引导学生自我探索。全校重点打造了一批具备高阶性、创新性和挑战度的通识教育核心课程，打造跨学院、跨学科、跨专业课程团队，推出"美的观念与历程""艺术的多样性与未来""国史纵横与社会变迁""哲学与人类自我认知""多源的古代文明"等系列通识教育"金课"，为拔尖学生奠定深厚的人文底蕴。

在不断推进完善基础学科拔尖人才培养方案的同时，笔者发现，现行人才培养方案主要存在以下问题：一是契合度问题。当前"两个大局"交织激荡，新一轮科技革命和产业变革孕育兴起，新时代西部大开发、成渝地区双城经济圈建设等国家重大战略在川叠加，基础学科人才培养方案与国家需求发展契合度不够。二是融合度问题。当今科技与社会发展往往在学科交叉领域出现增长点与创新点，跨学科培养人才早已成为各国培养拔尖人才的主要发展趋势。然而目前人才培养、资源调配、行政管理主要以学院为单位进行，以问题、项目为单位集中力量进行人才培养仍然存在较深的壁垒，融合式培养拔尖人才不足的局面有待改善。三是结合度问题。人工智能已经深入社会的各个领域。改变传统的学习方式，让人工智能赋能学习，提升学习成效，拓展学习深度和广度，把与人工智能结合的程度从辅助强化为深度结合，对于塑造在高等教育新赛道的新优势至关重要。四是自由度问题。高校一味对课程"加量""加深"，容易让拔尖学生陷入更繁重的课业学习之中、为更高的分数疲于奔命，占用他们自由探索和深度思考的时间。拔尖人才往往需要拥有更高的课程选择自由度，以满足他们充分发掘自己学术兴趣与进行思维创造的需求。同时，创新本就与不断尝试、试错紧密联系在一起，高校要创造有利于学生自由发展、个性发展的空间和条件，包容学生的错误、失败，允许学生拥有多元的成长方式和发展路径。

二、四川大学启动新一轮人才培养方案修订

为推进落实解决以上问题，以创新为根基促进高质量发展，培育新质生

产力，2023年底，四川大学在全校范围内启动了2024级人才培养方案以及基础学科拔尖人才培养方案的修订工作，全面落实"三全育人""五育并举"要求，坚持价值塑造－能力培养－知识传授"三位一体"的人才培养定位，坚持"学生为根、育人为本"，聚焦"强基础、厚通识、宽视野、多交叉"，强调价值引领、时代引领、创新引领、质量引领等"四个引领"，实施以川大特色通识教育为基础的宽口径专业培养。2024级人才培养方案的修订有以下几个方向：于学分结构上，按照"人文素养课程群、科学素养课程群、学科基础课程群和专业核心课程群"四个四分之一的要求优化。坚持立足信息化、发展数字化、面向智能化，融合新兴教育技术，聚合多元教学资源，大力推进基础课程、核心课程的知识图谱、能力图谱和素质图谱建设；充分发挥学校综合优势，以"两门先导、五大模块、十门优选、百门核心"为主要内容，不断优化川大特色的新时代一流大学通识教育体系；实施由马克思主义劳动观教育和劳动实践组成的劳育以及马克思主义美育观教育和美育实践组成的美育。

三、四川大学基础学科拔尖人才培养方案修订情况

基础学科拔尖人才培养方案的修订在全校人才培养方案修订的基础上，进一步结合时代特征与国家需求，梳理基础学科拔尖人才培养的痛点堵点，融合四川大学百余年人才培养的特点与优势，以跨学科促发展，做实文史哲、数理力、化生医等基础学科拔尖学生培养平台，实施本硕博衔接培养或跨学科贯通培养，以创新为抓手推动基础学科拔尖人才培养高质量发展。

（一）瞄定国家战略发展方向，为培育新质生产力服务

1. 以课程为突破口推进人工智能赋能

人工智能是提升高等教育质量的助推器，其赋能基础学科拔尖人才培养是高等教育高质量发展的必经之路。2023年11月，由华西药学院建设的四川省首门AI课程"生物化学与分子生物学"发布。物理学专业核心课"电动力学"、数学专业"数学分析""高等代数"等国家级一流课程正在进行AI课程建设。数学专业面向人工智能的"深度学习"和提高学生实践能力的"程序设计"已申请项目制课程和跨学科交叉项目制课程建设。计算机学院结合学院学科优势方向和前沿，面向国家重大需求和学生出口优化选修课程群，确认软件与算法、硬件与系统、智能计算、物联网工程、计算机图形与虚拟现实等5大专业方向选修课程群。

2. 加强中国特色社会主义理论研究

四川大学潜心进行实践创新，旨在发出中国特色之音，拓展中国影响力的辐射范围。基础学科培养方案强调进一步设置具备中国特色的课程，加强红色思想教育。为了让学生更好地了解和学习习近平新时代中国特色社会主义思想，尤其是经济思想，经济学专业增设"习近平经济思想"课程。为强调在中国语境的研究，经济学专业将部分课程更名，如将"宏观经济学"更名为"中国宏观经济学"，更聚焦中国特色；整合"社会主义市场经济理论"和"市场价格学"两门课程，新开设"中国特色社会主义政治经济学"，新建"当代中国经济"课程。

3. 加强价值引领，强化课程思政

四川大学汉语言文学专业将7门学科基础必修课中的5门——"现代汉语-1""现代汉语-2""文学理论-1""新闻传播理论基础""写作理论与实践"——打造为思政榜样课程。

4. 充分利用国家数字教育平台

四川大学各专业积极利用国家智慧教育高等教育平台和学校智慧教育平台等，拟定慕课推荐学习清单，制订专门的学分认定管理规定，学生选修后可认定为通识教育选修课学分（最高认定不超过2学分），鼓励学生修读无学分高水平慕课课程。

（二）跨学科融合培养

1. 实施"数理力""化生医""文史哲"三大平台培养

四川大学三大平台培养方案按照以交叉融合促创新发展的工作思路，促进课程体系融合、科研实践融合、综合素养融合、生涯发展融合等"四个融合"落实落细。培养方案尤其强调以跨学科打造平台课程促进教育高质量发展。"数理力"平台开出"偏微分方程""物理学简史""理论力学"等3门平台课程；"化生医"平台开出"学科简史""学术表达""未来技术实践"等3门平台课程；文史哲平台开出"经典导读""经典研读"等7门平台课。

2. 做实做细本硕博跨学科贯通式培养

四川大学明确本研衔接阶段方向，明显向国家战略方向、"卡脖子"问题的方向倾斜。2024级本硕博贯通式培养方向从2020年的17个增加到目前的92个。数学专业转段方向从4个扩充到10个，物理专业转段方向从1个扩充到17个，化学专业转段方向从2个扩充到10个，生物科学专业转段方向从2个扩充到10个，汉语言文学（古文字方向）专业转段方向从1个扩充到5个，历史学专业转段方向从1个扩充到9个，哲学专业转段方向从2个扩充到6

个，基础医学专业转段方向从 3 个扩充到 8 个，工程力学专业转段方向从 1 个扩充到 17 个。生物科学专业本研衔接阶段（即大学第四学年）需选修 18 个学分研究生阶段的课程。哲学专业开设本研衔接课程"早期中国哲学研究专题"（全英文），并将研究生课程"心智哲学""逻辑学进阶"等纳入本研衔接。化学专业将"化学实验安全知识"和"学术规范与论文写作指导"等研究生课程前置于大学第四学年。

3. 实践型微专业、实践课程群促进能力提升

校企合作共建高阶实践课程群促进跨学科能力提升。计算机学院在大三下学期面向全校设置大模型应用与开发、数字动漫应用开发等微专业，以三到四门高阶实践课程增强学生的实战能力，如与百度合作的"大模型应用与开发"、与开源原子基金会合作的"开源技术"、与网易和腾讯合作的"数字动漫与游戏开发"、与华为合作的"工业软件方向Ⅰ""工业软件方向Ⅱ"，与钉钉合作的"低代码应用及开发"。

4. 设置必修跨学科专业课程

拔尖学生需修读至少 2 门非本专业类的其他专业课程或跨学科项目制课程，总学分不少于 4 学分。积极组建跨学科教学团队，如哲学系邀请法学院李冰逆，公共管理学院陈进，哲学系徐召清、宋子明等知名学者开设"法学原理""社会学导论"和"逻辑学概论"等课程，促进拔尖学生的交叉培养。

（三）赋予学生学习空间，精炼专业核心课

此次基础学科拔尖人才培养方案重塑核心基础课程，梳理并更新授课内容，保留最基础、最核心、最前沿的部分，修订后的总学分数普遍下调 5-10 分。融合基础学科系列"101 计划"，体现国家在基础学科课程设置与研发方面的引领作用。化学专业的"聚合物科学"变更为"高分子化学与物理"，并由 2 学分变更为 3 学分；"生物化学"课程由 5 学分调整为 4 学分。数学的专业课下调了 13 学分，"代数拓扑"与"一般拓扑"合并后学分只增加 1 分。生物科学的专业核心课总数由 10 门精减到 7 门，重点打造 5-10 门具备高阶性、创新性、挑战度的专业核心课程；优化专业选修课程，合并内容重复的课程，专业选修学分从 18 分降至 11 分，比如将"植物逆境分子生物学""种子生物学"整合为"植物生理学"。工程力学专业糅合"弹性力学"的力学基本理论与"材料力学"的工程材料力学理论，形成新课程"固体力学基础"。

（四）实践教育推进人才培养质量显著提高

上海交通大学原校长、中国科学院院士张杰指出，现阶段基础学科拔尖教

育有两个关键问题急需解决：一是如何营造一个能够使学生思想交流与碰撞的生态环境；二是怎样帮学生建立一个科学的思维方式。实践教育是解决以上问题的最优解。四川大学坚持需求导向，注重分类引导，强化标准化建设，加强组织管理，邀请政府、企业和社会组织等多元主体共同参与，分类推进文理工医实践教学改革。新的人才培养方案要求设定实践教育在培养方案中的比重，人文社科类专业最低要求为总学分的20%，理工医类专业最低要求为总学分的25%。生物科学专业结合学院不同科研团队的研究方向为学生开设综合性、设计性、探究性实验课程；建立拔尖学生创新实验室，鼓励学生自由探索感兴趣的科学问题；开展科研训练项目立项制；学生可参照学院"实践教学环节学分替代试行办法"进行学分替代。计算机科学与技术专业构建"进阶式，全方位"的科产教协同实践育人体系，让学生在大一编程实战、大二问题求解实战、大三创新应用实践、大四多样化毕设。工程力学专业开出"高级程序设计与项目实战""交叉项目课程/力学基础程序设计""工程力学创新实践""创新力学实验"等4门项目制课程，培养学生知识融通和解决复杂问题的能力。历史学专业强化田野调查培养机制，让拔尖学生投入三星堆考古等具有重大学术价值和社会影响的田野项目中，同时前置科研，建设"科研模式"的实践教学。马克思主义理论专业依托马克思主义学院心理咨询与测评实验室，建设数字思政与智慧党建实验平台，为马克思主义理论专业四门本科课程提供实验支持；打造"回望红色之旅社会实践""'研习有声，声入巴蜀'理论宣讲"等学生实践活动品牌，其中"研习有声，声入巴蜀"理论宣讲项目入选2023年四川省"三下乡"社会实践优秀品牌项目。数学专业依托数学与经济学双学士学位以及计算金融双学士学位项目多年的人才培养成效，开设实用性的工具类课程，如"数量经济分析与Python编程""金融大数据应用与管理""STATA软件应用基础""R语言应用技巧"等。

四、结语

基础学科拔尖人才培育方案的优化是一项复杂而艰巨的任务，国家战略、区域发展、学校建设、学科前沿、专业基础、师资力量、生源质量等方面都是需要纳入考量的重要因素。此次人才培养方案优化历时一年多，经过学校整体把关、学院积极推进，已经初显成果。人才培养目标、培养思路、努力方向一旦确立后，会持续影响接下来的人才培养，在资源配置、平台建设、课程建设、科教融合、产教融合等方面起到指导和规范作用。落实新的人才培养方案的同时，要保持人才培养方案的先进性与开放性，保持对国家政策、学科发展、教育技术等方面的敏感度，还要不断优化与完善，才能为国家源源不断地输送基础学科拔尖人才。

参考文献：

［1］教育杂志社．教育部部长怀进鹏关于新质生产力与拔尖创新人才培养相关问题的最新答复（附详细内容）［EB/OL］．（2024－03－19）［2024－04－23］．https：//mp.weixin.qq.com/s/boMn3Fsdjqo1xptXrkJkaQ

［2］史秋衡，李瑞．高校拔尖创新人才培养的价值逻辑、关键要素与路径选择［J］．中国远程教育，2024（1）：15－24．

［3］沈悦青，刘继安．基础学科拔尖创新人才培养要解决的两个关键问题——访上海交通大学原校长、中国科学院院士张杰［J］．高等工程教育研究，2022（5）：1－5，79．

基础学科拔尖人才导师胜任力提升路径
——基于四川大学实践调研

林 祎

四川大学教务处

摘 要：本文旨在探讨如何提升高校基础学科拔尖人才导师胜任力，以更好地提升基础学科拔尖学生人才培养质量。本文聚焦于高校教师胜任力在基础学科拔尖创新人才培养中的核心作用，界定了成为优秀基础学科拔尖人才导师所需的胜任力特征，特别强调了教学指导技能和师德素养的重要性。依托四川大学的实证调研，本文深入剖析了导师制在实践过程中遭遇的挑战，建议通过明确导师职责、制定目标化培训体系等措施来提升导师胜任力，并突出跨学科研究项目在激发导师积极性和推动学科交叉创新中的作用。

关键词：高校教师；胜任力；基础学科拔尖人才；导师制；跨学科教育

一、引言

基础学科是国家创新发展的源泉、先导和后盾。培养基础学科拔尖人才是高等教育强国建设的重大战略任务，是实现高水平科技自立自强和国力不断提升的重要途径。习近平总书记多次在发言中强调，高校特别是"双一流"大学应发挥培养基础研究人才主力军的作用，全方位谋划基础学科人才培养，建设一批基础学科培养基地，培养高水平复合型人才。教师是影响基础学科拔尖人才培养质量与效果的重要因素之一。教育部等六部门颁布的《关于实施基础学科拔尖学生培养计划2.0的意见》也提出要注重大师引领，汇聚热爱教育、造诣深厚、德才兼备的学术大师参与拔尖人才培养。指导教师是学生学术探索的引路人，不仅为学生传授学科知识，更在科研方法、学术态度和创新思维上给予关键性指导。他们的教学素养、科研能力和教学态度等，都是培养未来科学领军人物不可或缺的因素。因此，如何持续提升基础学科拔尖人才导师的胜任力对广大高校来说是一个至关重要的问题。

二、文献综述及理论基础

（一）关于高校教师胜任力的研究

对胜任力的研究起源于管理学和心理学。早期研究的代表人物主要是"科学管理之父"泰勒（Taylor）、心理学家麦克莱兰（McClelland）等人。1973年，麦克莱兰认为，胜任特征（competency）是指能够区分在特定的工作岗位和组织环境中绩效水平的个人特征。随着胜任力研究的日益深化，研究逐步扩展到企业、政府、教育、医学等领域。21世纪以来，随着教师专业化进程的发展，教师胜任力研究成为各国研究者和政策制定者关注的热点。国外大多数研究认为教师胜任力是教师具有的于实施成功教学相关的专业知识、技能和价值观。多奈德（Donaid）、米德利（Medley）、沃茨（Watts）、奥尔森（Olson）等学者也对高校教学胜任力进行了界定。提格利尔等（2004）基于"以学习者为中心"的视角，使用德尔菲法及验证性因素分析建构了高校教师胜任力模型，包含作为教师的人、学科专家、学习过程促进者、发展者、咨询者、评估者七个维度。

国内关于胜任力的研究起步相对较晚。笔者基于中国知网平台开展的文献统计发现，2004年，我国学者开始关注高校教师胜任力研究。2004年后，高校教师胜任力相关论文的数量呈现逐步增长的趋势。截至2023年12月，我国学者共公开发表相关学术论文522篇。何齐宗等（2018）认为教学胜任力是教师所具备的有效地完成教学目标所需要的能力特征群，其内容包括知识、能力、价值观、动机、个人特质等。李长华和曾晓东（2004）认为，高校教师胜任力是指高校教师知道的知识、能做的技能、信仰的价值观的具体内容，它直接影响高校教师的教学成绩，但它并不指这些因素的作用效果。王昱等（2006）采用测验编制法构建我国高校教师胜任特征模型，道出七个因子，即创新能力、获取信息的能力、人际理解力、责任心、关系建立、思维能力和成就导向。张祥兰等（2009）认为教学胜任力是教师应具备并在教学情境中体现出的能够有效影响教学设计、教学实施、教学效果的心理和行为特征。笔者认为，虽然研究者对高校教师类型进行了细分研究，如分为专业教师、思政辅导员、管理者等，但关于基础学科拔尖人才培养导师的研究还有待进一步发展。

（二）关于本科生导师制的研究

21世纪初以来，各国在拔尖创新人才的培养上积极探索。在诸多培养模式中，导师制是一种极为重要和必不可少的选择。本科生导师制最早起源于14世纪的英国牛津大学，目前已有600多年的发展历史，形成了较为完善的系统体系。美国的荣誉教育、法国的大学校精英教育、日本的"世纪计划"以及韩国的"世纪智慧韩国工程"等都尝试推进导师制。国内一些顶尖大学在拔尖创新人才培养方面同样进行了多样化的探索，如北京大学、浙江大学从2002年起率先开始推行本科生导师制。然而，各高校在导师制实施的过程中都经历了重重困难，最终导致导师制推行不力，在实际执行中流于形式。主要存在的问题有如下三点：一是导师职责权限不够明确，制度设置笼统，职权通常比较宽泛；二是导师指导方式较为单一；三是导师交流方式有待改进，有调研显示对于学生的个性问题导师的指导有时缺乏针对性与互动性。

针对以上问题，有专家学者提出了强化本科生导师育德与导学的"双肩挑"职能，建立以"两学"为中心的本科生导师导学体系，推进本科生导师制改革创新的具体举措（王昱等，2006）。也有专家提出科学设定导师条件，优化导师聘任环节，创建师生双向选择机制，明确目标定位，合理制定导师职责，优化导师的管理和考核办法，增强可执行性（阴医文，2013）。还有专家提出破除观念性障碍，整合导师导学信念，强化专业性导向，提高导师职称水平，扩大导师类别来源，丰富导师指导方法，健全导师激励机制（李奇虎，2021）。

当前关于教师胜任力的研究、本科生导师制等的研究都为本研究提供了理论上的借鉴和启发。本文通过文献整理发现，目前尚未有研究导师胜任力及从提升胜任力的角度去研究如何实现导师制的有效性的成果。因此，本研究将围绕上述问题展开研究工作，旨在提高拔尖人才培养成效。

三、基础学科拔尖人才导师胜任力分析

导师作为基础学科拔尖人才培养中的关键因素，其胜任力直接影响到拔尖人才的培养质量。《关于实施基础学科拔尖学生培养计划2.0的意见》提出注重大师引领，汇聚热爱教育、造诣深厚、德才兼备的学术大师参与拔尖人才培养，加强对拔尖学生的精神感召、学术引领和人生指导，让学生通过耳濡目染激发学术兴趣和创新潜力；要创新学习方式，开展研究性教学，鼓励学生参与科研项目训练，促进学生自主深度学习、建构知识体系、形成多维能力。本文

根据国家的要求，结合相关文献研究，对基础学科拔尖人导师胜任力做出以下分析。

（一）学术造诣与科研能力

高校基础学科拔尖人才导师的学术造诣和科研能力是评价其胜任力的首要标准。深厚的学术积累可为学生提供宝贵的学术资源和研究指导。导师在科研创新方面表现出色，能够引导学生接触并探索学术前沿问题。导师由于各种原因，如科研压力、资金限制等，在科研创新上的投入有所不足，这在一定程度上会影响学生的科研训练和创新能力培养。部分导师在国际合作方面有着丰富的经验，具有宽广的国际学术视野，也能为学生提供更广阔的视野。

（二）教学与指导能力

高校基础学科拔尖人才导师的教学与指导能力也是非常重要的能力。优秀的导师能够根据每个学生的特点和兴趣制订个性化的培养方案，因材施教，并激发学生的学习兴趣和潜力；能够灵活运用多种教学手段，如案例分析、小组讨论等，提高教学效果；能够指导学生开展系统的研究工作，能够给予学生有效的科研指导，培养学生独立思考和解决问题的能力，帮助学生解决研究中的困难和问题；同时，还能够营造良好的团队合作氛围，促进学术交流和合作，提升团队整体水平。

（三）师德修养与人文素养

高校基础学科拔尖人才导师应具备良好的师德修养和人文素养。他们应以身作则，在学术研究中保持着严谨的态度，为学生树立榜样，注重学术诚信，严格遵守学术规范。优秀的导师不仅关注学生的学术成长，还关心学生的生活和心理健康。他们能够为学生提供必要的支持和帮助，引导学生热爱科学，投入科学，促进学生的全面发展。导师的人文素养也对学生产生着潜移默化的影响，能引导学生培养家国情怀和社会责任感。

四、基础学科拔尖学生导师人才培养的问题及挑战

根据基础学科拔尖人才导师胜任力分析，本研究从学术造诣与科研能力、教学与指导能力、师德修养与人文素养三个胜任力要求，设计了针对导师的"基础学科拔尖创新人才培养教师需求调研"问卷及针对学生的"'拔尖计划2.0''强基计划'实施情况满意度调查"问卷，并以四川大学师生为调研对

象，了解基础学科拔尖学生导师培养现状，其中教师问卷共回收168份，学生问卷共回收868份。

四川大学是教育部直属全国重点大学，是国家布局在中国西部的重点建设的高水平研究型综合大学、国家"双一流"建设高校（A类），具有93个国家级一流专业建设点，覆盖了文、理、工、医、经、管、法、史、哲、农、教、艺等12个门类，作为第一批"强基计划"试点高校，获批9个"强基计划"招生专业（数学与应用数学、物理学、化学、生物科学、汉语言文学古文字方向、历史学、哲学、工程力学、基础医学），位列全国第三。因此，本文选择以四川大学为样本，具有一定的典型性和代表性。

经问卷结果分析，笔者发现基础学科拔尖学生导师人才培养存在以下问题与挑战。

（一）科研压力与教学任务的平衡问题

虽然学生对于导师指导相对于专业课程、学院管理、视野拓展等方面总体满意度最高，但也有近30%的学生表示"导师很忙，希望增加见面或者指导频次"。随着科研竞争的加剧，导师可能面临巨大的科研压力，他们可能需要将大量时间和精力投入科研项目中，导致他们在指导学生方面的时间和精力受到限制。同样，30%的导师也表示时间不够用，与学生时间冲突等问题。他们既要保证教学质量，又要确保科研工作的顺利进行。这需要他们具备非常优秀的时间管理能力和组织协调能力。

（二）个性化教育实施的困难

虽然因材施教的教学理念被广泛接受，但在实际操作中，由于学生数量众多，导师可能难以针对每个学生的特点和需求制订个性化的教学方案，导致部分学生得不到适合自己的指导和培养，专业发展方向不明确。导师可能缺乏对学生培养的长期规划。他们可能更注重眼前的学生科研成果，而没有为学生的长远发展制定明确的目标和计划。这可能导致学生在学术和职业发展上缺乏明确的指导和支持。同时，科研资源的分配也成为问题。如何在众多学生之间公平、有效地分配科研资源，是导师需要面临的挑战。

（三）跨学科合作的挑战

随着学科不断交叉融合发展，教师和学生都需要具备跨学科合作的能力。42%的学生表示希望获得多学科的导师，或者导师群的指导。近37%导师表示他们也需要跨学科的研讨和交流。然而，目前高校的人才培养模式往往偏向于单一学科的培养。由于学科的差异性和复杂性，跨学科合作可能会面临沟通困难、工作量分配不均、利益诉求不同等问题，导致合作效果不佳。

（四）对导师职责认识和使命感不足

部分拔尖人才导师可能对自己的角色定位不够清晰，仅仅将自己视为知识的传授者，可能导致他们在教育过程中偏重于单一方面的教学，而忽略了自己在学生全面发展、心理健康、职业规划、人际交往以及社会责任感等方面的重要职责。部分拔尖人才导师缺乏足够的教育热情，对待教学工作和学生指导不够投入。他们只是按部就班地完成教学任务，而没有真正关心学生的成长和发展。这种态度不仅会影响学生的学习效果，还可能对学生的积极性和自信心造成负面影响。

五、基础学科拔尖人才导师胜任力提升路径

高校拔尖人才导师在学术造诣与科研能力、教学与指导能力以及师德师风与人文素养等三个方面都亟待发展。为了提升拔尖人才导师的整体素质和教学质量，高校需要建立完善的培训、评价和激励机制，帮助他们应对这些问题和挑战。同时，拔尖人才导师自身也需要不断学习和进步，以更好地履行自己的职责和使命。

（一）明确基础学科拔尖人才导师职责，设计有针对性的教师培训体系

高校应清晰界定基础学科拔尖人才导师的具体职责，建立导师责任清单，包括但不限于坚持将立德树人、教书育人贯穿学生教育全过程，关注拔尖学生的学业发展，在思想品德、学业成绩、学术科研、身心健康、综合素养等方面关心学生的成长，充分了解学生个性发展需求，指导学生制订系统的个人成长计划，着力培养学生的创新思维，提升学生的科研能力。在此基础上，设计有针对性的教师培训体系，包括职责认知、科研及时间管理、教学方法、数字化教育、学生指导、课程思政等多方面培训课程，提升导师的专业素养和指导能力。设立导师交流线上线下平台，分享导师经验、教学方法和科研成果，促进导师之间的学习和交流。

（二）深化个性化教学理念，数字赋能提升教师因材施教的能力

个性化教学是拔尖人才培养的关键。高校应加强对个性化教育理念的宣传和推广，引导导师关注学生个体差异，鼓励导师关注每个学生的独特性和发展

潜力，注重因材施教。注重数字赋能，利用信息技术手段，如数据分析、人工智能等，为导师提供个性化教学的数据支持和工具，帮助导师更好地把握学生的学习特点和需求，为每个学生制订更精准的学习计划，推荐适合学生的学习资源和路径。通过在线平台增加师生间的互动，及时了解学生的学习需求和困难。建立个性化教学实践案例库，收集、整理和分享个性化教学的成功案例，为导师提供借鉴和参考，促进个性化教学的落地和推广。

（三）设立跨学科的人才培养研究项目，定期组织跨学科的教学研讨会

高校应建立跨学科人才培养研究项目，邀请不同学科的导师和研究人员共同参与，鼓励导师带领学生探索不同学科领域的交叉点，开展交叉学科的教学和研究工作。定期组织跨学科的教学研讨会或工作坊，为导师提供交流和学习的平台，邀请跨学科领域的专家和学者分享经验和成果，促进教学方法和理念的交流和碰撞，促进不同学科之间的融合与创新。

（四）加强导师激励机制，提升导师职业荣誉感

为了激发导师的工作热情和创造力，高校应建立过程化及科学化的考核系统，提供与导师工作量和成果相匹配的薪酬和奖金。对于工作认真负责、指导时间充足、学生满意、学院/系认可的优秀导师，每年予以表彰和奖励，提升其职业荣誉感。加强对优秀导师的宣传和推介，提高其在学术界和社会上的影响力和知名度，激励更多的导师投身到拔尖人才教育教学工作中。

参考文献：

[1] MCCLELLAND D C. Testing for competencer ather than for intelligence [J]. American Psychologist，1973（28）：1－14.

[2] OLSON C O，WYETT J L. Teacher's need affective competencies [J]. Education，120（4）：741.

[3] TIGELAAR D E H，DOLMANS D H J M，Wolfhagen I H A P，et al. The development and validation of a framework for teaching competencies in higher education [J]. Higher Education，2004（2）：253－268.

[4] 何齐宗，赵志纯. 高校教师教学胜任力的调查与思考 [J]. 中国大学教学，2018（7）：77－79，85.

[5] 张祥兰，许放. 项目化课程改革中高职院校教师教学胜任力研究 [J]. 高教探索，2009（6）：123－126.

[6] 李长华，曾晓东. 美国高校教师绩效评价存在的争议 [J]. 外国教育研究，2004

(11)：40-43.

[7] 王昱，戴良铁，熊科. 高校教师胜任特征的结构维度［J］. 高教探索，2006（4）：84-86.

[8] 贺武华. 我国本科生导师制演进发展的新时代要求及其实践创新［J］. 中国大学教学，2021（3）：10-16.

[9] 阴医文. 构建符合创新人才培养需要的本科生导师制——本导制度运行现状辨析与发展对策研究［J］. 中国大学教学，2013（17）：8.

[10] 李奇虎，俞雅莲. 一流本科教育背景下高校本科生导师制的审视与实践［J］. 江苏高教，2021（10）：4.

四川大学网络安全少年生的发现、选拔与培养模式初探[*]

何 露 杨 频 方智阳 马亚静

四川大学网络与安全学院

摘 要：四川大学作为国内唯一招收网络安全少年生的高校，积极探索网络安全拔尖人才的培养模式。通过将网络安全少年生计划纳入学校招生宣传体系、面向中学生开设网安科普讲座、举办网络安全体验营以及建立中学信息学教练沟通渠道等方式，发现并吸引在网络安全方面有特长的少年生。针对网络安全少年生制定独特的选拔和培养方案，纳入学校的创新人才培养体系进行本硕博贯通式培养。网络安全少年生计划旨在培养网络安全领域的杰出人才，为国家网络安全建设提供有力支持。四川大学在网络安全人才培养方面的重要探索，为培养更多优秀网络安全人才奠定了坚实基础，对全国网络安全人才培养产生积极影响。

关键词：少年生；人才培养；网络安全；拔尖人才

随着数字经济的发展，网络安全已成为关系国家安全和发展以及广大人民群众切身利益的重大问题。网络安全问题是全球性挑战，也是中国面临的严峻安全威胁，而强大的网络安全技术产业实力是保障我国网络空间安全的根本基石。2015年，习近平总书记在第二届世界互联网大会上指出，技术和人才是互联网产业突破性发展、建设网络强国的关键。2024年4月，中国人民解放军调整组建信息支援部队，构建网络空间部队等新型军兵种结构，由此可见筑牢国家网络边防，捍卫国家网络主权和信息安全是国家重大战略需求。网络空

---

[*] 本文系2021—2023年四川省高等教育人才培养质量和教学改革项目"网络安全少年生的现、选拔与培养的模式与机制研究（JG2021—13）"四川大学新世纪教育教学改革工程（第九期）研究项目"网络安全少年生的发现、选拔与培养的模式与机制研究"（项目编号：SUY9022）的研究成果之一。

间的竞争，归根结底是人才竞争。网络空间安全人才日渐成为国家网络安全建设的核心资源，其数量、质量及结构是国家网络安全软实力和竞争力的重要标志。世界各国政府都高度重视网络空间安全，美国、俄罗斯等纷纷出台了国家网络安全人才战略，制定和实施网络安全人才培养计划。近年来，我国政府制定了一系列政策措施，2015 年正式设立了网络空间安全一级学科，2016 年发布《关于加强网络安全学科建设和人才培养的意见》，2017 年启动了一流网络安全学院建设示范项目。我国相继开启了一系列加强网络安全人才培养的法律法规制定及制度建设等工作，为网络安全人才培养提供了良好的机遇，使我国网络安全人才培养走上了快车道。

四川大学对网络安全人才的培养可以追溯到 20 世纪 90 年代中期，当时学校已经开展网络与信息安全专业和方向的人才培养与科学研究工作。2016 年，成立四川大学网络空间安全学院，成为国务院学位委员会批准的首批 29 个网络空间安全一级学科博士点培养单位之一，同年开始在全国首批招收网络安全专业本科生。2017 年 9 月入选首批"一流网络安全学院建设示范项目高校"。为了探索网络安全拔尖人才的培养，2018 年经批准开始在全国率先招收"网络安全少年生"。2019 年获批设立网络空间安全博士后科研流动站，成为国家首批网络空间安全人才培养基地。2020 年，四川大学网络空间安全专业获批国家一流本科专业建设点。2021 年，率先在全国开始招收网络安全与法学双学士学位专业本科生，在社会上产生了较大影响。

一、网络安全少年班的开设背景

少年班是针对早慧少年的一种特殊教育模式，为打破常规去发现、选拔和培养杰出的人才。我国的第一个少年班于 1978 年 3 月在中国科学技术大学创办。1985 年 1 月，教育部批准北京大学、清华大学、北京师范大学、吉林大学、复旦大学、上海交通大学、南京大学、南京工学院（今东南大学）、浙江大学、武汉大学、华中工学院（今华中科技大学）、西安交通大学等 12 所大学创办少年班。如今仍设有少年班的高校仅有中国科学技术大学、西安交通大学、东南大学 3 所，清华大学、北京大学设有数学英才班等少年班招生项目。经过多年的教育实践，这些学校的少年班从招生到培养都已经形成了一套较为成熟的体系。

四川大学在 2017 年成为中央网信办和教育部批准的国家首批"一流网络安全学院建设示范项目高校"之一。根据中央网信办、教育部《一流网络安全学院建设示范项目管理办法》的文件精神，入选高校要"探索开设网络安全相关专业少年班、特长班"。因此，四川大学从 2018 年起实施网络安全卓越人才计划，破格录取在网络安全方面有特长的学生，招收网络安全少年生，开设网络安全少年班，现已经连续招收 7 届学生，目前也是全国唯一一家招收网络安全少年生的单位。四川大学招收的是在网络安全方面有特长的少年生，与中国科技大学、西安交通大学、东南大学的少年班无论在选拔和培养方面都有很大差别。对于这类特殊人才的发现、选拔和培养，国内高校目前还没有探索出成熟的模式与经验，四川大学网络安全少年班的开设，是国内高校在网络安全人才培养上作的一次重要探索。

二、网络安全少年生的发现

1. 将网络安全卓越人才计划纳入学校的招生宣传体系

四川大学充分利用到各优质生源中学宣讲的契机，重点到信息学强校进行宣讲，向全国范围内的中学生和家长介绍网络安全卓越人才计划的特色和优势，扩大该计划的影响面，提升该计划的知名度。

2. 面向中学生开设网络安全科普讲座

四川大学充分利用全民数字素养与技能培训基地，邀请中学生到校参观网络靶场，深入四川省中学校广泛开展培养网络安全意识和培训网络安全技能的科普讲座，借机宣传推广网络安全卓越人才计划，吸引更多学生投身网络安全事业。

3. 面向优质中学生举办网络安全体验营

四川大学重点关注"全国青少年信息学奥林匹克竞赛（NOI）""全国中学生网络安全竞赛"等学科竞赛，与相关竞赛的主办方建立密切联系，对竞赛获奖学生，如全国青少年信息学奥林匹克联赛（NIP）一等奖及以上的学生，提前锁定，持续跟踪。举办网络安全体验营，邀请目标中学生到校体验大学生活，实地参观网络靶场，感受大学文化，并充分说明网络安全少年生的特殊招生政策，吸引优质生源。

4. 建立中学信息学教练的沟通渠道

在全国建立网络安全生源基地，深入成都七中、树德中学、石室中学等 20 余所国内知名中学调研，直接对接目标中学的信息学教练，并建立起一个面向全国近 100 所中学近 200 名信息学教练的专群。每年通过专群发布举办网络安全体验营和网络安全挑战赛的消息，有针对性地通知到目标中学生，现已形成了良好的沟通机制。

三、网络安全少年生的选拔

1. 面向有网络安全特长的高二学生招生

四川大学按照网络安全卓越人才计划，招收在网络空间安全领域具有执着兴趣爱好和创新潜质，立志于网络空间安全理论与应用技术研究，且已初显研究潜质的 18 周岁以下在校高二年级学生。

2. 举办网络安全挑战赛

网络安全挑战赛分为技能实战测试和专家面试。技能实战测试包含在线编程和 CTF（Capture the Flag）网络攻防测验；专家面试着重考查学生的社会责任感、创新精神、发展潜质和实践能力等综合素质。通过技能实战测试与专家面试相结合的方法来对网络安全少年生进行综合评定。四川大学还自主开发了技能实战测试系统，可以实时观察学生的做题情况和思考过程。

3. 持续改进考核评价指标

四川大学通过对在校的网络安全少年生进行持续的跟踪研究，建立科学的考核评价指标体系，定性与定量评价相结合，对学生的思想品德、兴趣爱好、性格特点、现有基础和培养潜质等进行全方位科学的评价。在网络安全少年生的选拔过程中，始终坚持公平公正的原则，确保选拔工作的透明度和公信力。

四、网络安全少年生的培养

1. 做好少年生的大中衔接

由于少年生未完成高中阶段的全部课程，容易出现心智不够成熟、基础相对薄弱等问题，尤其是对网络空间安全专业特别重要的英语和数学，进入大学后需要进行有针对性的训练，补齐短板。

2. 制订个性化的培养方案

少年生入校后单独编班，为鼓励其积极参加各类学科竞赛，四川大学规定其可以免修基础编程课程和提前一学年修读进阶课程。学校还为少年班配备单独的班主任，对学生进行持续关怀和跟踪，关注少年生身心健康，引导学生成长成才，培养少年生树立家国情怀。

3. 将少年生纳入学校的创新人才培养体系，进行本硕博贯通式培养

四川大学根据学生的兴趣爱好，为少年生配备学术导师，及早将学生纳入导师研究课题组，鼓励他们尽早了解研究前沿，发挥学生已有的优势，在特定

领域取得研究成果。强化少年生的动手实践能力培养,引导和指导学生积极参加学科竞赛,以赛促学,以研带学。

五、结语

我国网络安全人才缺口超百万人,高校有责任培养具有崇高理想信念、深厚人文底蕴、扎实专业知识、强烈创新意识的网络安全拔尖人才,更需要探索符合中国国情的网络安全人才新机制。四川大学始终肩负着培养一流网络安全人才的使命,已初步形成了网络安全少年生的发现、选拔及培养的规范化流程,每年少年班的招生数量和生源质量不断提高,从最初只招收到 3 名少年生,到现在少年生人数已经突破两位数;在近两年的少年生招生工作中,成都知名中学均有学生入围,入校后学生表现出的各方面素质均非常优异。少年生培养成效已初步显现,各年级少年生在学科竞赛上成绩突出,每年均荣获全国大学生信息安全竞赛等学科竞赛奖项。网络安全少年班在全国也产生了积极影响,部分中学开始开设网络安全兴趣班,将网络安全竞赛列入鼓励学生参加的竞赛清单。网络安全卓越人才计划的实施有利于中学生强化安全意识,提升网络安全技能,有利于吸引有天赋的学生学习网络安全,为国家的网络安全事业贡献力量。

参考文献:

[1] 陈兴蜀,王海舟,王文贤,等. 探索"网安医生"人才培养模式[J]. 网络与信息安全学报,2019(3):36—43.

[2] 郑庆华. 为天下储人才,为国家图富强——西安交通大学少年班 30 年拔尖创新人才培养探索与实践[J]. 高等工程教育研究,2016(2):34—39.

[3] 司有和. 录以备考:中国科技大学少年班办学之缘起[J]. 教学研究,2018(5):56—60.

[4] 魏炜,吴俊,许小娟,等. "双特生"的招生选拔与培养探析[J]. 大学教育,2019(6):25—27.

[5] 陈兴跃. 网安人才缺口超百万,"政产学研用资"协同共建培养生态[J]. 产业评论,2022(9):5—8.

多学科交叉融合
构建四川大学基础学科拔尖学生培养新格局[*]

李欣媛　刘孝利

摘　要：在四川大学多学科交叉融合人才培养实践中，13个拔尖学生培养基地通过创新跨学科课程体系、构建多元化导师团队、深化科研训练与实践、建设系统化制度体系等多维度策略，形成了基础学科拔尖学生培养的川大模式，显著提升了学生的跨学科思维能力和解决复杂问题的综合素养。展望未来，四川大学将继续以学科交叉融合作为拔尖学生培养的重要抓手和实现方式，完善人才选拔模式，健全培养机制，凸显基础学科拔尖学生培养计划的引领示范作用，以应对科研和社会发展的复杂挑战，为推动实现重大科学突破，形成自然科学"中国力量"和哲学社会科学"中国风格"奠定基础。

关键词：多学科交叉融合；基础学科；拔尖学生培养；高等教育改革

一、多学科交叉融合的时代背景

交叉学科是指不同学科之间相互交叉、融合、渗透而出现的新兴学科。多学科交叉融合构成科学未来发展的关键路径，成为推动科技创新加速前进的核心动力。2021年1月，国务院学位委员会与教育部联合发布通知，标志性地将"交叉学科"列为中国第14个学科门类，并设立自然科学基金委交叉科学部，以官方政策支持交叉学科的发展，体现了国家对于多学科交叉融合未来方向的明确指引。

四川大学紧跟国家教育发展战略，依托学校学科门类齐全的优势，深入推

---

[*] 本文系四川大学基础学科拔尖学生培养研究课题（第一期）项目"学科交叉融合在基础学科拔尖学生培养模式中的价值和实现路径研究"（项目编号：SCUBJ131）的研究成果。

进跨学科交叉课程与项目制课程的建设。学校开设了"安全科学与减灾""边疆学""再生医学"等一系列交叉学科专业，促进了学科之间的联动与互补，实现了知识的跨学科贯通与整合。

伴随"基础学科拔尖学生培养计划2.0"的持续推进，文理工医多学科的交叉融合同样在培养基础学科拔尖人才中展现出其独特的价值与活力。作为国家"拔尖计划"首批基地，四川大学13个拔尖学生培养基地坚持"宽视野""多交叉"，从课程体系设置、导师团队构建、科研训练实践、制度体系建设等多方面进行融合培养，全面落实多交叉的培养理念，为智能科技、先进制造等国家急需关键领域提供交叉学科专业拔尖人才。

二、科研创新与现实挑战呼唤多学科交叉融合

随着新一轮科技革命和产业变革加速演进，一些重要科学问题和关键核心技术已经呈现出革命性突破的先兆，经济社会发展对高层次创新型、复合型、应用型人才的需求更为迫切，传统的单一学科视角已难以全面应对时代的挑战，学科深度交叉融合势不可挡。多学科交叉融合不仅代表了科学探索方向的深刻变革，而且成为解决全球复杂挑战的核心途径。四川大学瞄准新时代科技创新需求和国家复合型创新人才需要，以多学科融合赋能基础学科拔尖人才培养。

（一）深化科学研究的前沿性

在20世纪初期，科学研究仍处于相对早期阶段，许多基础理论尚未完全建立，专注于单一学科的深入研究成为推动科学进步的主要途径。学科的不断细化深化使得学者能将有限的精力与资源集中于同一类问题上，提升研究效率与深度，在学科发展的前期效果显著。然而，随着研究边际效益递减、基础理论逐渐丰富完善、研究技术迭代升级，囿于单一学科的研究已难以满足当前科学探索的复杂需求。

事实上，20世纪50年代后，诺贝尔奖等自然科学领域的顶级奖项越来越多地被授予那些学科交叉性成果，如克里克和沃森借助物理学中X射线衍射照片、化学中分子组成性质揭示了DNA双螺旋结构，对生物学、医学、遗传学等多个领域产生了深远影响。基础学科作为国家创新发展的源泉、先导和后盾，亟需贯通多学科，开拓前沿科学边界，以激励拔尖人才在物质结构、生命起源、意识本质等基础科学领域坚定志趣、勇攀高峰。

（二）应对现实挑战的必要性

在实际应用领域，过于精细和固化的学科划分在一定程度上限制了基础科学解决当前社会所遇到的广泛和复杂问题的能力。当前许多生存和发展问题如能源危机、人类健康、地缘冲突、全球治理等，都呈现出高度的整体性、普遍性和复杂性。这些问题的解决不再是某个单一学科能够独立完成的，而是需要从宏观的视角出发，综合运用多个学科的知识和方法。比如，应对全球变暖这一人类生存课题，不仅依赖于地球科学的深入探究，还需物理学、化学、生物学甚至是政治学和经济学的参与，以全面评估气候变化对自然环境和社会经济的广泛影响。

面对这些复杂的问题，召集各个领域的专家进行讨论固然是一种解决方式，但可能会受限于参与者各自的专业知识范畴，难以在较短的时间内从一个更广泛的视角分析问题并达成共识。因此，一个更为理想的策略是在人才培养的早期阶段，就开始注入多学科交叉融合的意识。通过这样的教育模式，可以培养出既具备深厚专业知识，又能跨界合作解决问题的新时代创新人才，为实现第二个百年奋斗目标做好人才储备。

（三）拔尖人才培养的紧迫性

捕捉时代发展大趋势、科学回应时代之问，就要打破传统学科划分的藩篱、跳出传统学科知识体系的框架、突破传统学科研究范式的局限，用多交叉、深融合的方式，用不同领域的知识体系和方法论，激发拔尖学生跨领域思维潜力，构建更加全面和复杂的认知框架。全球主要发达国家和顶尖高等教育机构对学科交叉融合的重视程度也在不断提升，如约翰霍普金斯大学通过跨学院的方式建立生物工程学系，哈佛大学与麻省理工学院的合作成立健康科学技术学院。

在我国，拔尖学生往往在中学时就开始深耕某一基础学科，并通过参与竞赛等方式不断深化专业知识。与中学阶段相对封闭的学习环境不同，四川大学作为学科门类齐全的综合性大学，能借助多学科交叉平台优势为拔尖学生提供更加广阔的知识视野。同时，拔尖学生在入校时，他们的认知框架和价值判断正在积极构建之中，这一时期的教育和学习环境将深刻影响他们的思维方式、知识追求乃至职业选择。若在此阶段就过早地将学生的学习路径限定在单一的学科领域内，可能会无意中限制他们的视野和潜力，忽视了教育的本质——培养能够自主学习、批判性思考和创新的个体。

三、四川大学以多学科交叉融合推动基础学科拔尖学生培养卓有成效

（一）课程体系设置个性化

多学科交叉融合的关键在于跨学科课程体系的建立。13个拔尖学生培养基地充分利用四川大学学科门类齐全、优势互补的特点，注重科学教育、工程技术教育与人文教育有机融合，在强化学科本位教育和专业核心课程的基础上，保持了细分方向上的开放性和灵活性，鼓励学生根据个人兴趣和未来的创新需求自主选择学习路径，从而实现个性化和定制化的人才培养模式。

同时，各拔尖学生培养基地重点打造"信息+""医学+""数理+"等多个跨学科课程与课程团队。以化学拔尖学生培养基地为例，该基地增强与生命、医学、材料、能源、信息等学科的交叉融合，开设如"生物化学""化学信息学""环境化学"等课程，逐渐引导学生建立"化学+"知识框架，为实现重大科学突破和构建自然科学领域的"中国力量"打下了坚实的基础。

（二）导师团队构建多元化

四川大学拔尖人才基地通过实施"一制三化"——导师制、个性化、国际化和小班化的教学模式，充分汇集了优质的教育和教学资源，每一位拔尖学生都能得到导师的一对一指导，确保拔尖学生在专业知识和生涯规划上能接受大师言传身教和环境熏陶，接触科学技术和思想文化研究前沿。

13个拔尖学生培养基地均实施双导师制：学院/系为拔尖学生配备学术导师，负责科研训练和专业发展；玉章书院还为拔尖学生配备学业导师，帮助其开展学业规划和实现个人成长。学术导师的专业引导结合学业导师的全面支持，使拔尖学生能够在自己选择的基础学科领域钻研的同时，也能够广泛吸收其他学科的理论和方法，培养出在复杂多变的学术和社会环境中适应和创新的能力。

同时，针对大部分导师长期专注于单一学科领域的实际情况，四川大学通过玉章书院为拔尖学生提供了一个专门的交流平台，旨在培养和训练能够适应多学科教学和研究需求的导师团队。这一措施不仅为多学科融合培养模式铺垫了坚实的基础，也为导师自身的专业成长和跨学科能力提升提供了良好的机遇。

（三）科研训练实践创新化

四川大学在推进多学科融合交叉培养基础学科拔尖研究人才的战略中，着重构建了以解决实际问题为导向的学科交叉实践平台。四川大学跨门类建设"数理力""化生医""文史哲"三大平台，依托全国重点实验室、国家工程研究中心、领军企业研究机构等实验中心，通过"创新2035"先导计划等科研专项，向拔尖学生开放高水平科研资源，鼓励拔尖学生早进课题、早进实验室、早进团队，最终形成以课程、项目、竞赛、成果孵化等多种形式进阶的交叉学科专业科研能力培养体系，实现文理渗透、专业互补、个性拓展。多学科融合的科研实践项目有助于培养学生反思发现问题、分析整合问题、危机处理问题的能力，着力提高学生多学科交叉能力和创新创业的能力，推动构建具有川大风格、中国特色的基础学科拔尖人才培养体系。

在四川大学的教育实践中，三星堆遗址祭祀区考古项目成了一个标志性的多学科融合实践案例。这一项目始终秉持"课题预设、保护同步、多学科融合、多团队合作"的学术理念，鼓励来自历史学、计算机科学、化学等不同学科背景的拔尖人才参与进来。多学科交叉团队一方面在实验考古、资源考古等领域开辟了新的研究路径，另一方面也通过让拔尖学生在导师的指导下参与项目的全过程，培养了拔尖人才解决复杂问题的能力和创新思维。

（四）制度体系建设系统化

四川大学根据质量监测、反馈信息、外部评价等方式不断完善培养方案、培养过程和培养机制，精准地构建了一个多学科融合培养拔尖人才的制度体系。

在多学科融合的实践中，四川大学通过创设"世界史＋外国语"实验班、"力学＋软件"创新班、"互联化工交叉"试验班等5个交叉班级，系统地将学生置于一个跨学科学习的环境中。相较于学生自主选修跨学科课程，这些班级设计从本质上促进了不同学科之间的知识共享和思维碰撞，能更加系统化地培养拔尖学生多学科思维。例如，经济学拔尖基地的"计算金融交叉"拔尖班引入编程和高阶数学课程，直接响应了大数据时代经济学发展的新需求，展现了四川大学对培养计划灵活性和前瞻性的考虑。

在培养方案的设计上，各拔尖人才基地鼓励学生根据个人发展需要跨院系选修专业核心课程，通过完善学分互认机制减轻学生的学业压力，同时也为他们日后的交叉学科研究打下了坚实的基础。针对以科研为主方向的拔尖学生，各基地创新性地完善了评价体系，强调过程考核，减少了传统期末考试成绩的比重，广泛应用非标准答案的考核方式。基地进一步通过深化"问题导向学习（PBL）"实践，增加"大挑战""大项目""大问题"为导向的实践性、应用性课程，着力提升学生的人文修养和科学、技术、工程、数学综合运用能力，引导学生在科研活动和项目实践中吸取知识，以提高学习的高阶性、创新性和挑战性。

四、展望：多学科交叉融合基础学科拔尖人才培养工作的改进空间

笔者认为，四川大学在推进多学科交叉融合培养基础学科拔尖人才的过程中，虽已取得显著成效，但仍存在改进空间。

首先，学校应进一步鼓励和引导基础学科拔尖班学生积极参与到跨学科交叉课程和项目制课程的建设与实施中。这不仅能够充分利用学生的专业底蕴为课程内容和教材编写提供具有前瞻性的修改建议，推动一流本科课程建设与"十四五"本科教材建设规划实施，还可以培养学生的跨学科思维能力，促进科研与教学的双向互动。

其次，学校要引进更多具有国际视野和跨学科背景的导师，并对现有导师进行多元化培训，加强多学科团队建设。当前导师团队虽然在各自学科领域具有深厚的专业素养，对学生的快速入门具有显著作用，但在培养学生的创新思维与跨学科视野方面存在一定的局限性。同时，学校须在教师队伍配置、工作量评估等方面为参与拔尖计划的教师提供政策上的支持和保障，以激发更多跨学科优秀教师投身于拔尖人才的培育工作。

最后，学校应考虑建立更加开放的交流平台。目前各拔尖学生培养基地组织了跨年级的学生交流会，促进了同一基地学生之间的学术交流和经验分享，但跨基地之间的交流尚未充分展开。未来，学校应借助玉章书院搭建跨基地定期交流平台，促进不同基地之间的学生进行更深入的思想碰撞和知识交流，拓宽研究视野，激发跨学科创新思维。

五、结语

作为国家"拔尖计划"首批入选的高等院校之一，四川大学深刻认识到多学科融合在培养基础学科拔尖人才中的核心价值，为此构建了全面的跨学科课程体系，汇聚了各领域专家组成多学科融合导师团队，并建立了多学科交叉的研究实践平台，为拔尖学生提供了丰富的跨学科学习和研究机会。四川大学

13个拔尖学生培养基地应平衡好"专"与"博"的关系,通过"底宽顶尖"的金字塔形知识结构,选拔培养一批基础学科拔尖人才,为构建中国特色、世界水平的基础学科拔尖人才培养体系提供川大智慧、川大方案、川大力量,为新时代的自然科学与哲学社会科学进步培育创新之种,为将我国塑造为全球科学创新中心与思想文化高地奠定才智之基。

参考文献:

[1] 姚乐野. 以学科交叉融合赋能本科创新人才培养 [J]. 四川大学学报(哲学社会科学版), 2021 (6): 14-19.

[2] 虞宁宁, 刘承波, 李仲浩. 高水平拔尖创新人才自主培养体系的基本特征与建设原则 [J]. 中国高教研究, 2024 (3): 36-44.

[3] 张海生, 张瑜. 多学科交叉融合新工科人才培养的现实问题与发展策略 [J]. 重庆高教研究, 2019 (6): 81-93.

[4] 廖庆喜, 张拥军, 廖宜涛, 等. 基于学科交叉融合的农业工程类一流专业建设探索与实践 [J]. 高等工程教育研究, 2019 (5): 11-15.

[5] 林健. 多学科交叉融合的新生工科专业建设 [J]. 高等工程教育研究, 2018 (1): 32-45.

[6] 李涛, 宗士增, 徐建成, 等. 构建多学科交叉融合创新实践平台的探索与实践 [J]. 中国大学教学, 2013 (7): 79-81.

[7] 马廷奇. 交叉学科建设与拔尖创新人才培养 [J]. 高等教育研究, 2011 (6): 73-77.